Agri-Food Kingdom

農と食の王国シリーズ

柿の王国

～信州・市田の干し柿のふるさと～

鈴木克也著

エコハ出版編

日本地域社会研究所

コミュニティ・ブックス

はしがき

日本の農林水産業はＴＰＰ（環太平洋パートナーシップ協定）交渉をはじめとする国際化の波にさらされ大きな構造変化を迫られている。しかし、これらの産業は特に日本の地域にとっては基幹産業でもあり、日本文化の土台でもある。自然環境を守るという点から言ってもきわめて重要なポジションを持っている。

一方、マーケットの側から見ると、日本の食文化は世界に誇れるほどの多様さと奥深さを持っている。最近は「和食」が世界文化遺産に登録されたこともあって、世界では和食文化が開花期を迎えている。

そこで、エコハ出版と日本地域社会研究所は、共同で「農と食の王国」シリーズを刊行することにした。これは地域（ふるさと）の農林水産物の中で、風土、歴史、文化、栽培方法、加工技術、販売システム、消費のされ方から見てこれぞ「王国」といえるような産

品を取り上げ、それを「狭く、深く、感動的に」まとめてみようという狙いをもっている。そのために「○○のすべて」という感覚で、生産者や多くの関係者に語り部として登場してもらいながら、農と食の文化をとらえていきたい。

そのシリーズの第一弾として「柿の王国」を取り上げることにした。

柿については奈良時代に中国から伝わったといわれているが、今では世界の熱帯から温帯地域に広く分布しており、まさに「世界の柿ロード」といわれるほどになっているが、その学名にＫＡＫＩという日本語が使われているように、日本食文化の象徴でもある。

特に、南信州の「市田柿」は高級な干し柿として地域ブランドにもなっており、生産技術、加工・保存技術、販売システムなどに大きな特徴がある。歴史的・文化的に見てもこの柿は「神の実」として古くから神社の供え物として、地域での自然信仰とも結びついている。

さらに、この柿は美しくておいしいだけではなく、健康・美容に大きな効果があり、アンチエイジングにも大いに役立つことが知られている。生産加工技術の進歩により、保存性の問題も克服されている。うまく展開すれば「世界ブランド」としても大きく育つ可能能性がある。

そこで、編集関係者を中心に「柿の王国プロジェクト」を立ち上げ、いろいろなことを学びながら面白い出版物を作り上げようとスタートした。

「柿の王国」を実現するためには、強いリーダーシップと膨大なエネルギーが必要だが、壮大な夢に向かって努力すること自体が、未来の日本の農業像を探るためのヒントになるものと考えている。読者の皆様もぜひ、一緒に未来の日本農業のあり方を考え、できれば仲間になっていただきたいと考えている。

２０１４年11月

エコハ出版代表　鈴木克也

目次

第1章　市田柿のふるさと

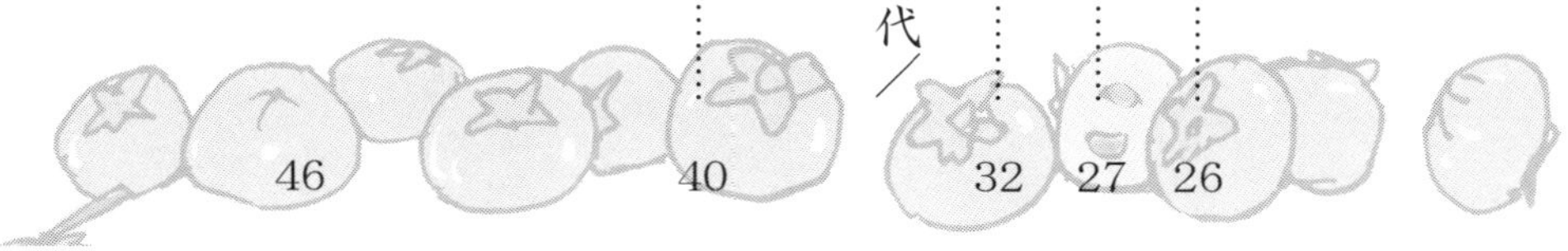

第2章　地域ブランドとしての「市田柿」

第3章　市田柿の楽しみ方

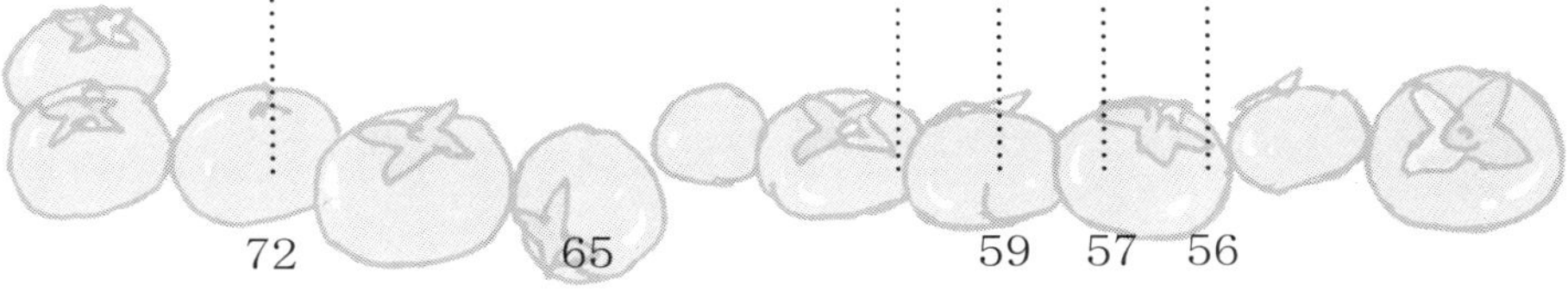

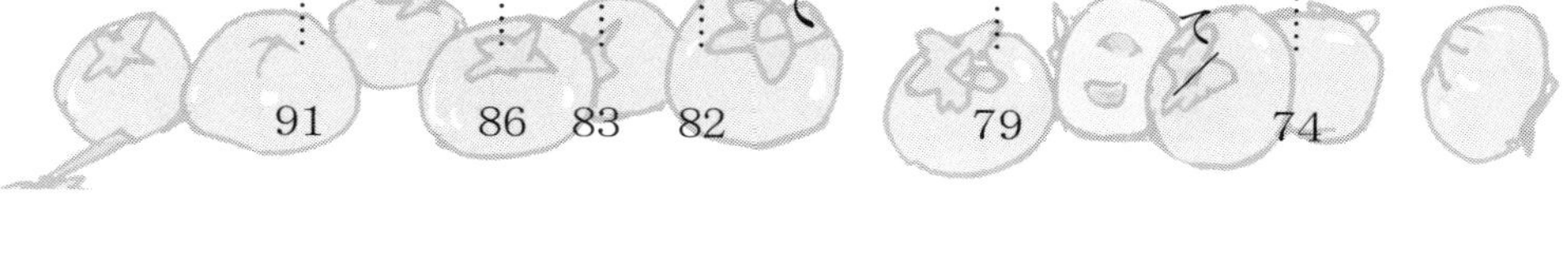

目次

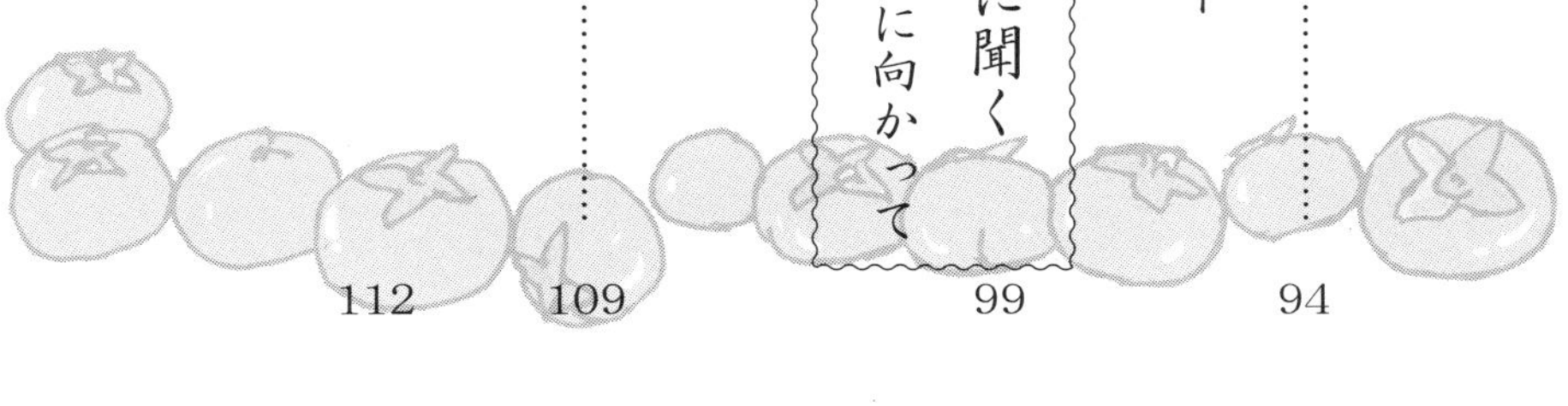

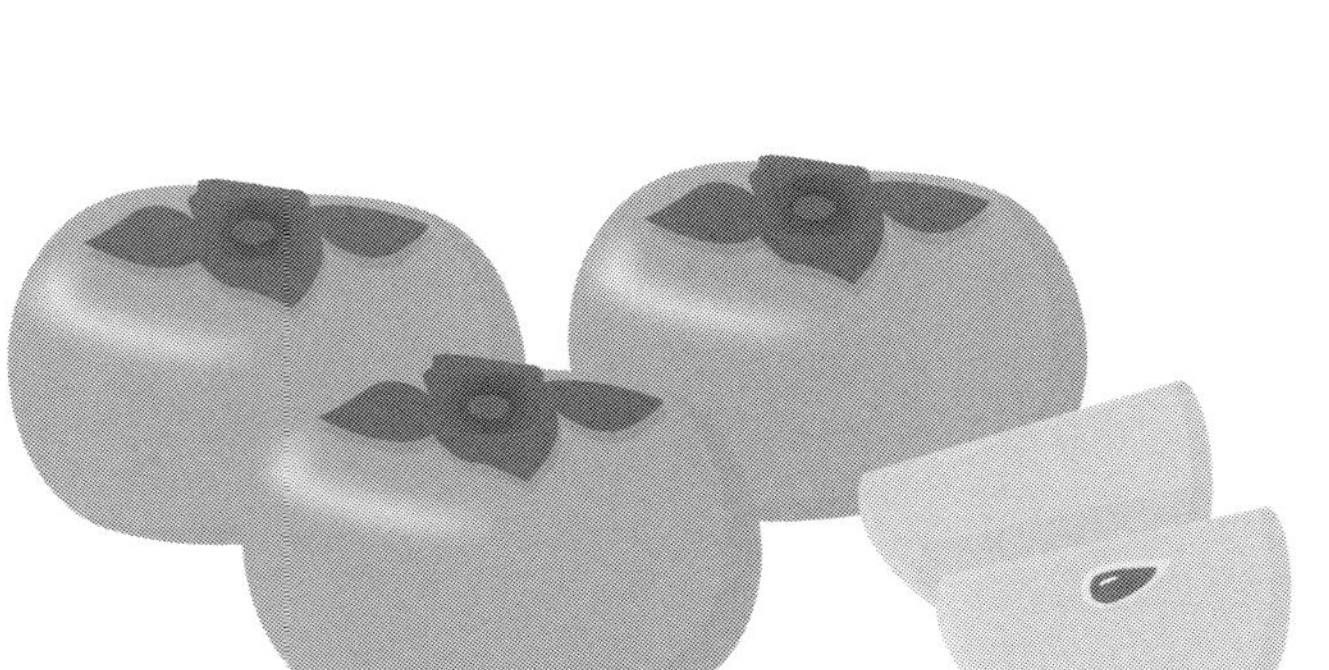

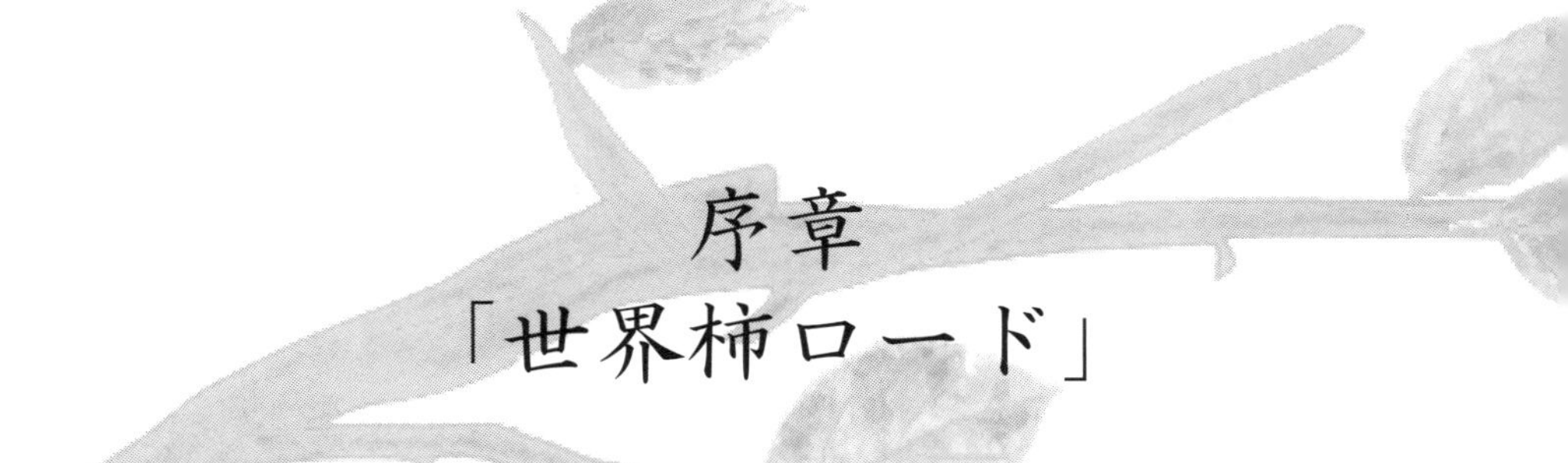

序章
「世界柿ロード」

中国経由で日本に伝来

柿の仲間は太古の時代から地球上に自生しており、氷河期を乗り越えて、今では熱帯から温帯地域にかけて広く分布している。そして食用や用材として200種（800〜1000品種）が栽培されている。

柿の原産地については、日本自生説と海外からの伝来説があるが、まず東アジア、そこから中国、韓国を経て、弥生時代に日本に伝来してきたとするのが一般的である。

いずれにしても奈良時代には日本のあちこちにヤマガキの形で柿が自生するようになっている。そして平安時代になると日本独自のの甘柿も奈良や岐阜でできるようになっている。[1]

江戸時代には柿が広く栽培されることになり、それが１７８９年にはヨーロッパへ、１８７０年にはアメリカに伝わったということから、柿は日本から世界に伝わったとされ、国際的な学名にＫＡＫＩの名が使われている。柿は日本を第二のふるさととしているのである。

「神の実」

柿の正式な学名は、Diospyros Kakiで、直訳すると「神の実」ということである。なお、柿は字も音も中国語と同じである。このように、柿は古くから神に捧げられる貴重な作物

(注1) 柿について最も古い史料は『新撰姓氏録』(８１５年)で、そこに「柿」の名前のついた人物名が挙がっている。また、８５９年には宮中で柿に関する出来事も記載されており、そのころには広く栽培されていた。(『長野県果樹発達史』１９７９年)

だったということである。[2]

後述するように、日本でも柿は神への供え物として普及した。特に、「市田柿」は信仰心の強い南信州・下伊那地域で育ったので、神社への供物として大切に扱われてきた。特にこの地域では、伊勢講と柿の結びつきが強く、神の守護をする竜の好物として語られることもあった。

世界ブランドとして

「市田柿」の前身である「立石柿」は、江戸時代から重宝されてきたが、明治になって先人達の努力で栽培農業となり、大正末期から昭和初期にかけては養蚕業に代わる地域特産品として育成された。戦後は近代的農業として生産・加工・保存・販売のイノベーション

（注2）柿の学名がＫＡＫＩとなったのは江戸時代にポルトガル人が日本の柿をヨーロッパに持ち帰り、それがアメリカにも伝わったからだとされる。

がはかられ、２００６年には「地域ブランド」として認定されるに至っている。こうして、日本全国を対象とした特産品のポジションを確立した。「市田柿」の次のステージは、「世界ブランド」の確立であろう。

下の表にあるように、今では熱帯から温帯にかけて広く栽培されているが、中国、韓国、日本、ブラジルの４カ国で80%近くが生産されている。

数年前に、テレビ東京全国ネットで「世界の柿ロード」という番組が放映されたことがあったが、柿が日本の食文化の象徴として取り上げられていた。特に、市田の干し柿は上品な甘みをもっており、和食にフィットし、茶菓子として

世界の柿生産国

順位	地域	生産額	生産量（トン）
1位	中国	982,668※	3046,401F
2位	韓国	125,998※	390,611
3位	日本	61,094※	189,400
4位	ブラジル	53,060※	164,495
5位	アゼルバイジャン	45,865※	142,188
6位	イタリア	15,805※	49,000F
7位	ウズベキスタン	12,257※	38,000※
8位	イスラエル	9,747※	30,216
9位	ニュージーランド	838※	2,600F
10位	イラン	677※	2,100F
11位	スロベニア	259※	805
12位	ネパール	222※	690
13位	オーストラリア	216※	670F
14位	メキシコ	117※	363

生産額：国際価格ベース$1000　データ：FAOSTAT 2010
※：非公式な数値　F：FAO による推定値

（出所）『柿の王国』ホームページより

も最適である。保存性に優れており、年中供給することができるようになっているので、今後は世界に向けて大きく展開する可能性があり、将来「世界ブランド」として確立することが期待されている。

柿の種類

甘柿と渋柿

柿には「甘柿」と「渋柿」がある。「甘柿」は日本で独自に改良されたもので、すでに鎌倉時代に登場している。この甘味と渋味は品種によるもので、完全甘柿、不完全甘柿、不完全渋柿、完全渋柿に分類される。

甘柿には受粉に関係なく渋が抜ける完全甘柿と、受粉して種子ができると渋が抜ける不完全甘柿がある。完全甘柿の代表的な品種としては「富有《ふゆう》」「次郎《じろう》」「御所《ごしょ》」「伊豆《いず》」「早秋《そうしゅう》」などがあり、不完全甘柿としては「禅寺丸《ぜんじまる》」「西村早生《にしむらわせ》」「筆柿《ふでがき》」などがある。甘柿は全国で11万トン生産されているが、そのうちの60%は「富有」だといわれている。

一方、渋柿は901年に発行された古典『日本三大実録』の中でも紹介されているように古くから栽培されてきた。渋柿には完全渋柿と不完全渋柿があり、不完全渋柿には「会津身不知《あいづみしらず》」「甲州蜂屋《こうしゅうはちや》」などがあり、完全渋柿には「平核無《ひらたねなし》」「甲州百目《こうしゅうひゃくめ》」「西条《さいじょう》」などがある。本書で紹介する「市田柿」はこの品種に属する。

柿は一般的には渋味があるが、これは果実に含まれるタンニンの内容物が水に溶けやすく、切ったり口でかんだりした時にその内容物が出てくるからである。焼いたり干したりすると、タンニンがアセトアルデヒドと結合して不溶性となるのである。

なお、柿を乾燥させると白い粉が出るが、これは柿に含まれているブドウ糖、果糖などの糖質が結晶化することによる。中国ではこの白い粉が砂糖代わりに使われていた。

また、柿の種類については19ページの表にまとめた。このうち農林水産省の生産動態調査による栽培面積の多い順にピックアップすると次のようになる。

「アンポ柿」と「コロ柿」

干し柿は乾燥歩合（残っている水分の割合）50％程度のしっとりとした食感の「アンポ柿」と、25％程度の「コロ柿」があり、「市田柿」は後者に属す。干し柿にするには乾燥しやすいように果実が小さい品種が用いられることが多く、市田柿のほかには岐阜県美濃地方産の「蜂屋柿」などがある。

品目別栽培面積

①富有	4055ha
②平種無	2693ha
③刀根早生	2394ha
④甲州百目	987ha
⑤市田	513ha
⑥次郎	431ha
⑦堂上蜂屋	386ha
⑧西京	377ha
⑨西村早生	330ha
⑩愛宕	290ha

（出所）農林水産省果樹生産動態調査より（2010年）

柿の種類（例）

分類	品種名例	主産地	特徴
完全甘柿	富有（ふゆう）	福岡・岐阜・奈良静岡	完全甘柿の代表品種。円形で 280ｇ位。甘みが強く日持ちはよい。
	次郎（じろう）	静岡	横断面は穴型。果実はやや固く甘い。
	花御所（はなごしょ）	鳥取	晩生の甘柿。甘みが強く糖度 20 度超のものあり。
	伊豆（いず）	静岡	農事試験場での交配から生まれた。富有よりやや小さいが色づきがよい。
	早秋（そうしゅう）	広島	伊豆と同様、交配から生まれた品種。名前どおり、早生。
不完全甘柿	善寺丸（ぜんじまる）	神奈川	日本最古の甘柿。
	西村早生（にしむらわせ）	滋賀	やや扁平な円形、220ｇ
	筆柿（ふでがき）	愛知	果実は縦長で筆の穂のようにみえる。100ｇ位で小さい。
不完全渋柿	会津身不知（あいづみしらず）	福島	会津地方で古くから栽培。果肉は緻密で柔らかい。
	甲州蜂屋（こうしゅうはちや）	岐阜	古くからある渋柿。
	甲州百目（こうしゅうひゃくめ）	山梨・福島	釣鐘の形をした大型の渋柿。大きいものは 500ｇ以上になる。
完全渋柿	市田柿（いちだがき）	長野	名前は、長野県下伊那地域の市田村（現高森町）に由来。殆どが高級干し柿向け。
	平種無（ひらたねなし）	新潟・山形	果実は橙黄色で肉質は緻密。庄内柿やおけさ柿とも呼ばれ、生食の他干し柿にも使われる。
	刀根早生（とねわせ）	奈良	平種無の枝変わりで 1980 年に登録。外観は平種無と変わらず。出荷が早い。甘くジューシー・
	西条（さいじょう）	広島	13 世紀ごろから栽培されていた。上品な甘みに特徴あるも、日持ちがあまりよくない。
	愛宕（あたご）	愛媛・徳島・岡山	奈良時代からこの名がある。果実は長方形で 300ｇと大きい。

（出所）各種資料から作成

柿の生産・販売の推移

収穫量

農林水産統計（平成24年）によると日本の柿の結果樹面積は2万1900haであり、平成15年度の2万4400haから若干減少している。柿の収穫量は、平成24年で25万3800トン、出荷量は20万930トンであり、前年に比してそれぞれ4万6300トン（22％）、3万9千トン（23％）増加した。

都道府県別

都道府県別では、和歌山（21％）、奈良（12％）、福岡（10％）、愛知（8％）、岐阜（7％）、愛媛（5％）、新潟（5％）、長野（4％）の順であり、この8県で全国の7割を占めている。

柿の生産

果樹栽培面積と収穫量の推移

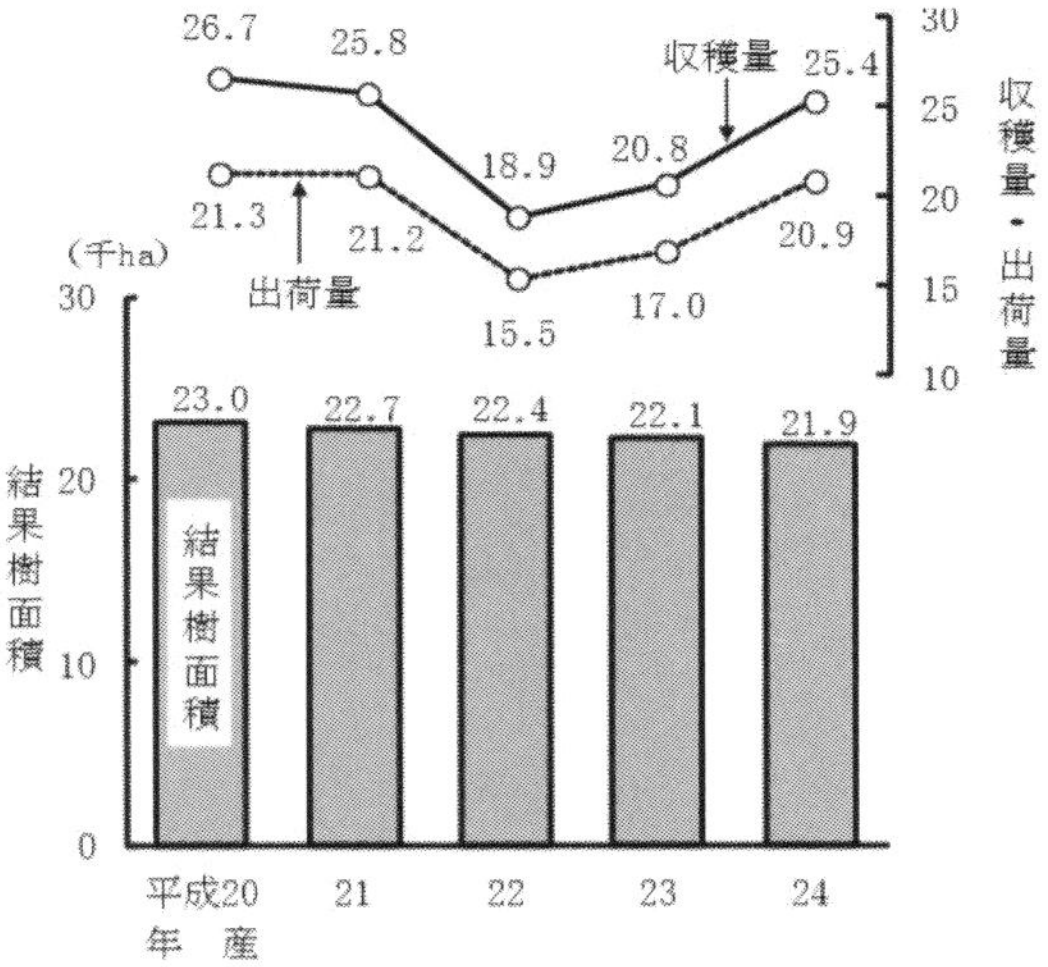

都道府県別生産量

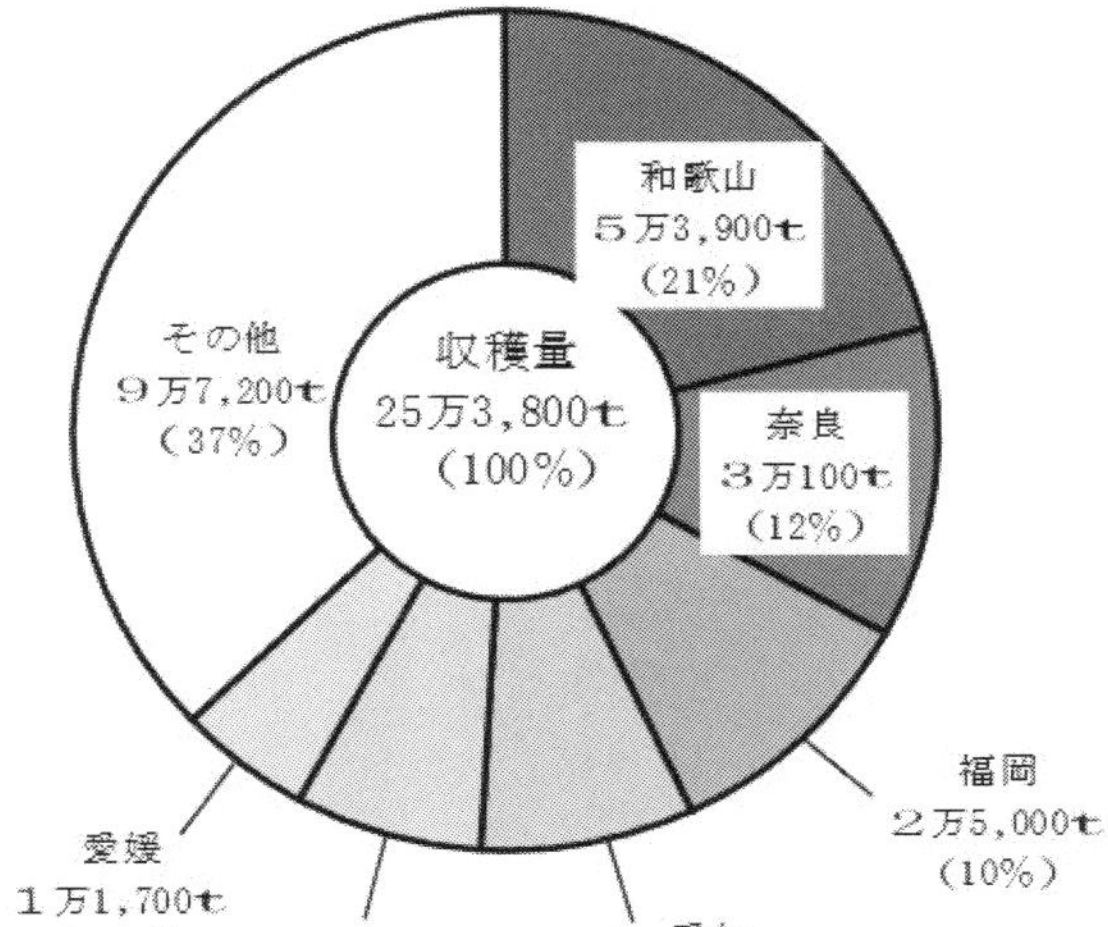

農林水産省「農林水産統計」

干し柿

市田柿を産する長野県は、柿全体に占める比重では全国第八位だが、干し柿ベースでは福島県と並んで全国有数の産地となっている。もちろん、品種別では市田柿が甲州百目や平種無等を抑えてトップを占めている。

消費量

また、家庭調査年報によって下記の一世帯当たりの支出金額をみると１１８７円、購入数量をみると３・１個となっている。

柿の１世帯あたり年間消費金額・購入数量

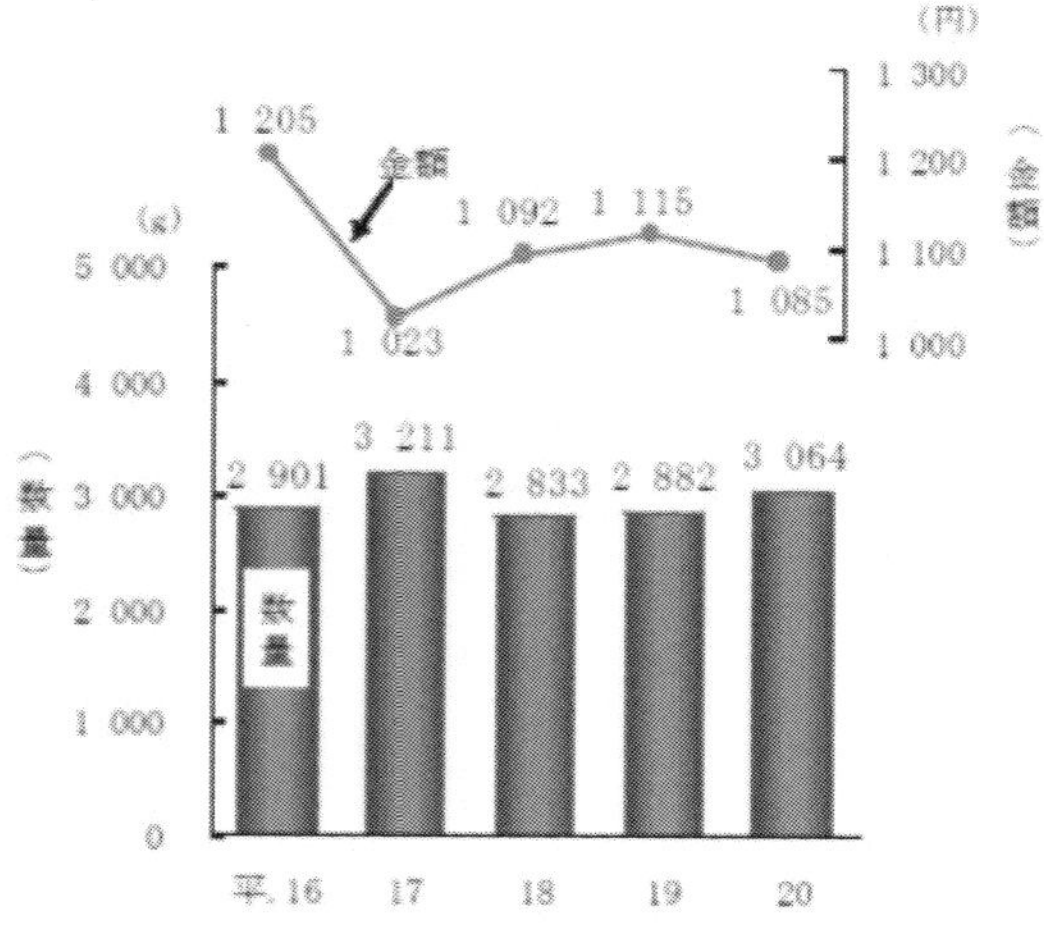

（出所）総務省 [家計調査年表]

輸出量

柿の輸出の動向についてはこれまで十分な統計がなかったが、２０１２年から貿易統計で品目別国別統計が公表されるようになった。

これによると２０１３年輸出数量４３０トン、輸出金額１億９６００万円である。輸出先はタイ（1億３７００万円）、香港（４０００万円）、マレーシア（１２００万円）それに台湾、グアムを合わせたものでほとんどを占めていることがわかる。

柿の輸出量と輸出金額

国名	第２数量（kg）	金額（千円）
合計	430644	196385
台湾	7772	4438
タイ	290500	137777
シンガポール	2369	1059
マレーシア	31200	12215
グアム（米）	220	225

（出所）財務省貿易統計

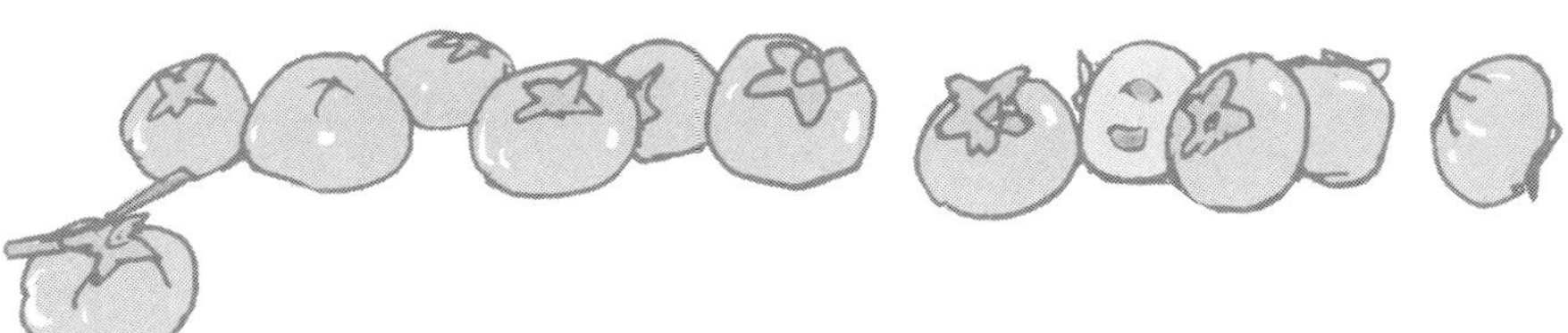

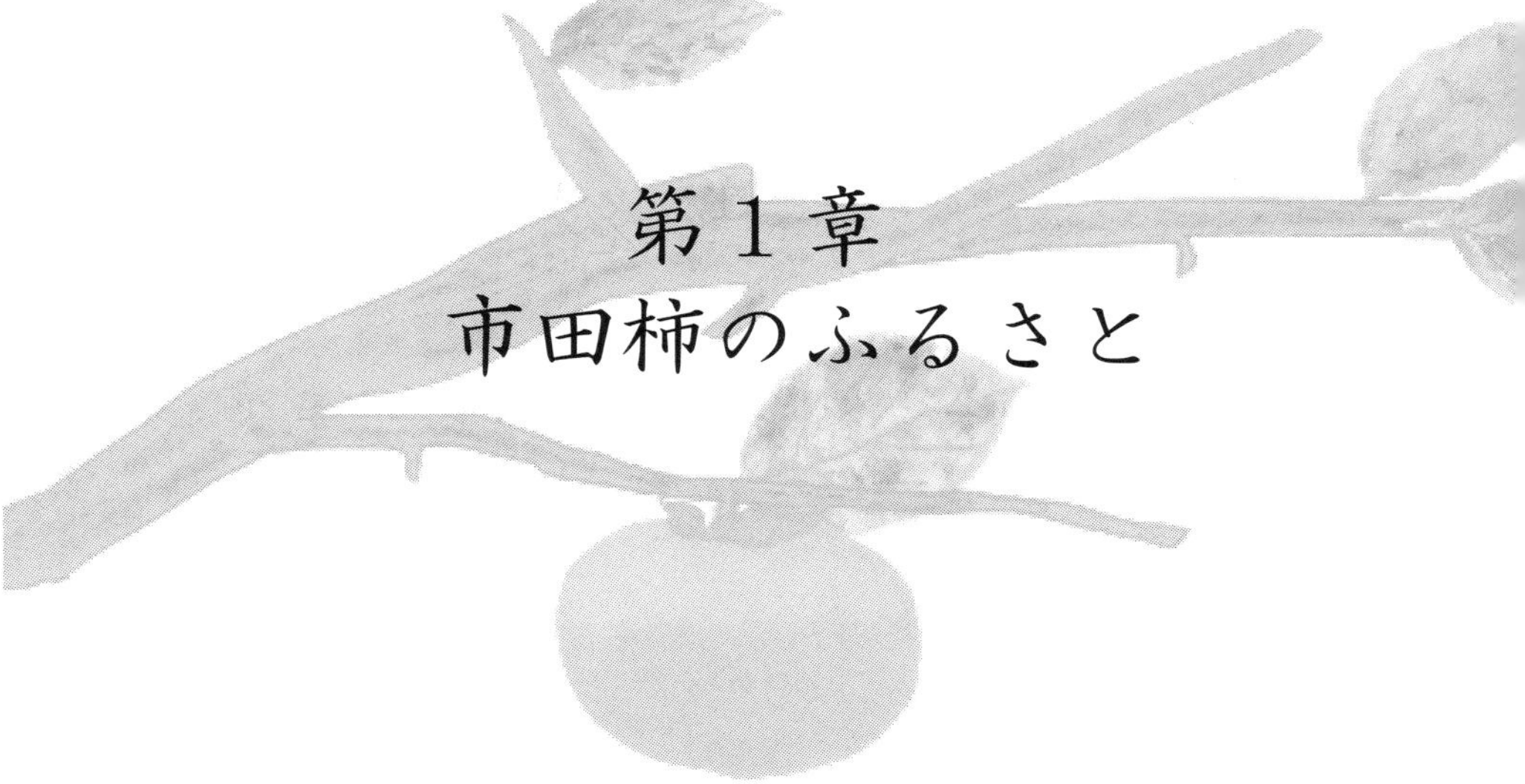

第１章
市田柿のふるさと

南信州・下伊那地域

「市田柿（干し柿）」の生産地である信州・下伊那地域（飯田市及び下伊那郡）は、中央アルプスと南アルプスに囲まれ、諏訪湖を水源とする天竜川を挟む河岸段丘の谷合地域である。

古来より温暖な気候に恵まれていたことから、様々な農作物が栽培されていたが、なかでも柿の栽培は全国でも有数である。

特に、朝・夕の温度差とそれによって発生する霧は、柿の味覚に良い影響を与えているといわれ、土壌も柿に適している。

長野県下伊那地域の位置

天竜川の流域

市田柿の由来

「市田柿」の由来については諸説があるが、それぞれが地域の歴史・文化と結びついている点が興味深い。代表的な説は次の２つである。

①伊那郡市田村下市田の作兵衛という百姓が、白い鳥の落とした種をまき育てたところ、その実は色合いもよく大粒だったことから近所で評判となり、広まったというものである。（長野県の園芸）

②江戸文化年間（１８０４年～１８１７

年）下市田の伊勢講の人々が伊勢神宮のご分霊を勧請して伊勢社という一祠を造営した。その屋敷の片隅に柿の古木があり、焼いて食べてもおいしく他の柿にない味の良いものだった。その後、三州田原藩士の児島礼順という漢学者が広め、次第に栽培されるようになった。（高森町史）

以上のように、その由来については諸説があるが、いずれも地域での宗教と結びついている点が興味深い。

特にこの地域では、天竜川を竜が住む川と考え、その竜の好物が柿であったというような民話があるという。これをアニメ風のストーリーとすることによって、訪れる人にも興味を持ってもらえるものと思われる。

後述するテーマパーク「かぶちゃん村」の中に、地域の若者によってつくられた「竜と柿の物語」が古文書（つくりもの）と紙芝居の形で展示されている。[1]

その中では、①柿の実が不老長寿のもとであること、②柿の実を好物として白蛇（竜の子供）が住みついていること、③竜が神を守護し、地域の守り神となっていること、④竜は天を駆け、天竜川を通り道にしていること、⑤竜の鱗が変わった水晶が村の守り神になっていること、などが語られている。

竜はもちろん架空の生き物であるが、西洋では悪の象徴として語られていたものが、東洋、特に中国では強さの表れとして、皇帝の象徴となり、日本にも仏教とともに伝来したとき神聖なものとして広がった。十二支にも登場するし、お寺に竜の名がついたものが多い。天竜川のように自然にも多いし、龍之介とか竜子などの名前を付けた人も多い。このこと自体今後の研究テーマとして興味深いものがある。

（注1）竜は辰として十二支の中に登場する。十二支は中国の古代・殷の時代に生まれているが、十二支の中でなぜ辰だけが架空の動物となったのかについては諸説があり、興味深い。

男の子はその姿を白蛇に変えて天に昇って行きました。するとその体がキラキラと輝きだし、ウロコが水晶となり空から降ってきました。見上げると青い空に大きな白龍が天に向かって登っていく姿が見えました。

かぶちゃん村の村人が毎日幸せに暮らせるヒミツがあるのじゃ！！

それが白龍が残した水晶のお宝が村のどこかにかくされているのでかぶちゃん村は豊かなくらしをしているのじゃ！！

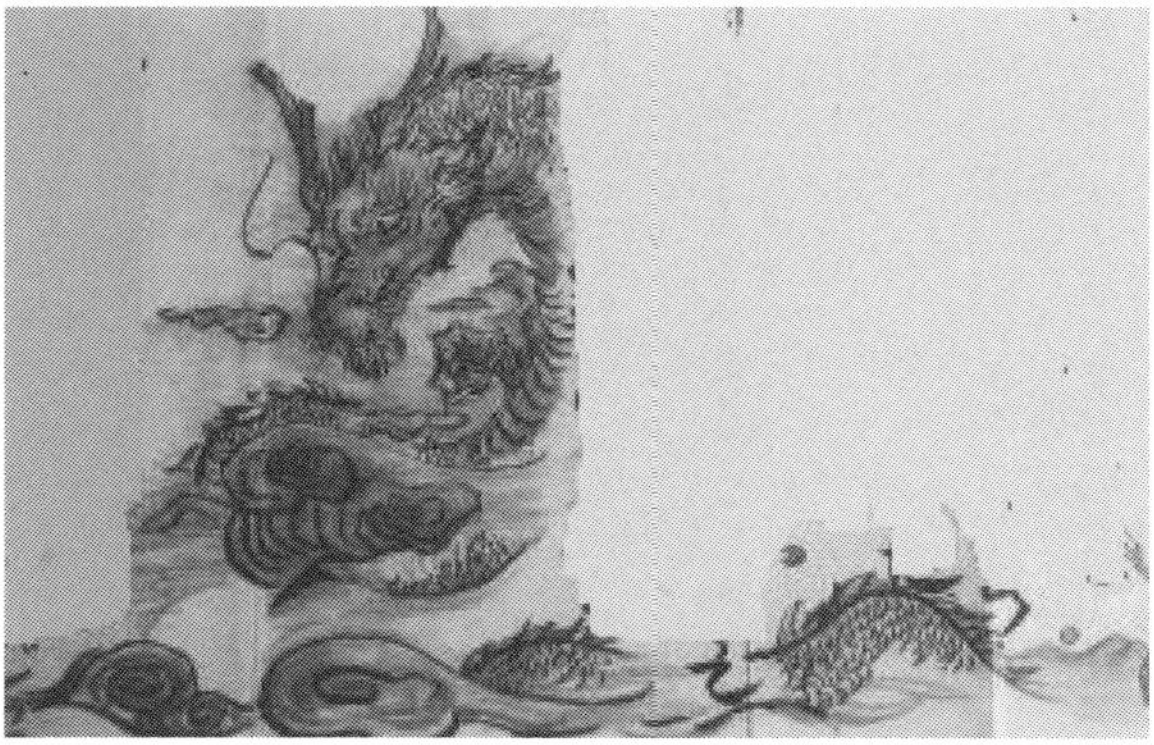

（出所）「かぶちゃん村」道中博物館

竜と柿との物語（つくりもの古文書より）

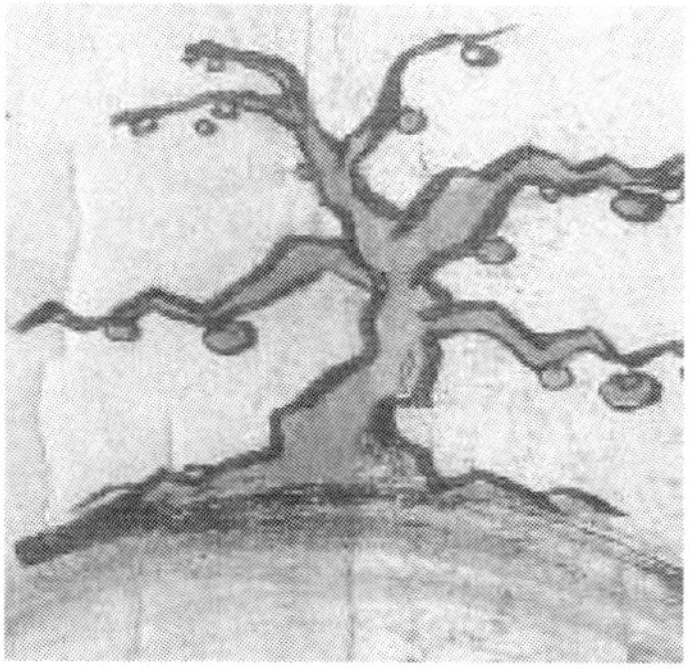

むかしむかし、かぶちゃん村には、食べると不老不死になる柿の実のなる柿の木がありました。村人は、この柿の実を“神様の実”とあがめ、食べることを禁じていました。

ある時、西の都からやって来た旅人がこの実を取ろうとしました。その時、大石の陰から白蛇があらわれました。旅人は驚いて白蛇を木の枝でたたいて逃げました。

その日から村の川はたびたび荒れるようになり、村人から笑顔が消えていきました。何年かたったある日、かぶちゃん村にケガをおった男の子があらわれました。村のおばあさんが男の子を自分の家に連れ帰り、一生懸命かいほうしてあげたおかげで男の子は元気になりました。

元気になった男の子は自分は村を流れる「小白龍川」に住むかわのかみさまであるとおばあさんに告げました。男の子は昔けがをした白蛇だったのです。

市田柿の歴史

このように「市田柿」は千年以上前のルーツを持つ果樹である。日本においては奈良時代から広く普及するようになるが、時代変化の中で多くの人達によって育成され進化してきた。その歴史を『市田柿のふるさと』（平成21年刊）を参考としながら簡単に要約しておこう。

奈良時代・平安時代

柿は弥生時代にすでに日本に渡来し、ヤマガキとして山地に自生していたが、今私たちが食べて

奈良時代の５畿７道

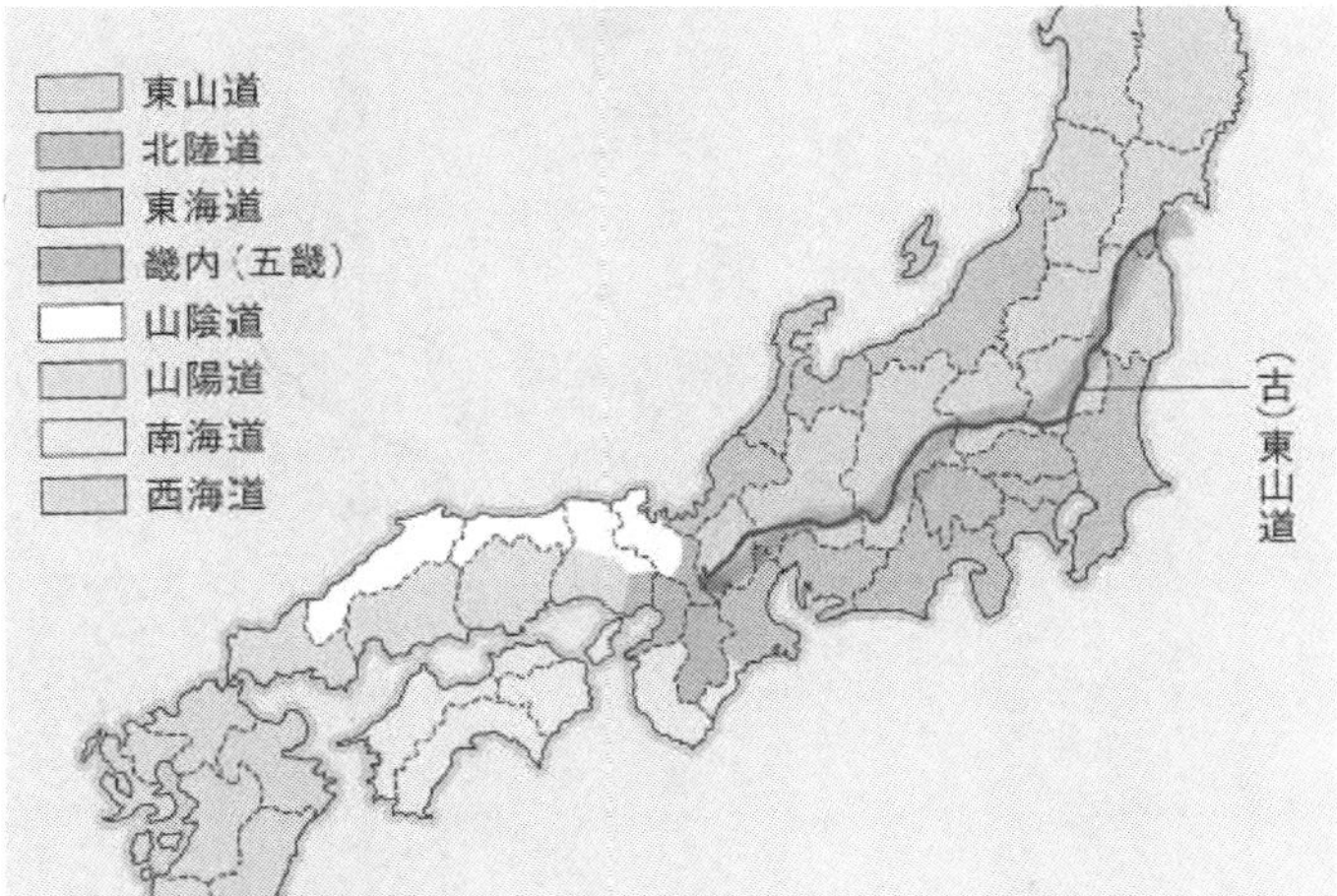

（出所）「市田柿のふるさと」

いる柿は奈良時代頃に中国から伝来したものとされる。ちなみにこの地域は５世紀の中頃に牛馬が中国からもたらされ、産地となるとともに多くの古墳がつくられ、文化の通り道となっていた。そうした中で、柿も伝わってきたと考えられる。奈良時代から平安時代にかけて、下伊那地域は京都・奈良から岐阜を経て東北地域に通じる（古）東山道の要所であった。[2]

これは鎌倉時代まで続き、物資や文化の交流のルートであった。このルートは、当時の「柿ルート」ともいえる文化の交流ルートでもあった。こうした中で柿が食材や用材として普及した。歌聖といわれた柿本人麻呂は有名だが、平安時代の『宇治拾遺物語』『古今著聞集』にも柿が出てくる。昔話にも「さるかに合戦」や「柿の大入道」などがある。

（注２）　古東山道（ことうざんどう）

奈良時代には全国を５つの地域（５畿）に分割し統治していた。これらの地域をつなぐ幹線道が７つ（７道）あったが、古東山道は、奈良を中心に岐阜、長野、群馬、宮城をつなぐ幹線道であり、下伊那はその幹線に位置していた。

鎌倉時代・室町時代

鎌倉時代以降、下伊那地域を２００年（発祥期から数えると５００年）近くも治めていたのは松岡氏であった。その名残りは高森町の松岡城址に残されている。戦国時代末期に武田方についたということで、徳川軍によって滅ぼされ歴史から消された。

そのためもあって、松岡氏についての史料はほとんど残されていないが、信仰心が厚く平和を求めた名君であったと言い伝えられている。この地域の信心深い風土は、この松岡氏によるもので、伊勢講などが盛んとなる土台となっているようである。（上市田の伊勢

松岡城跡

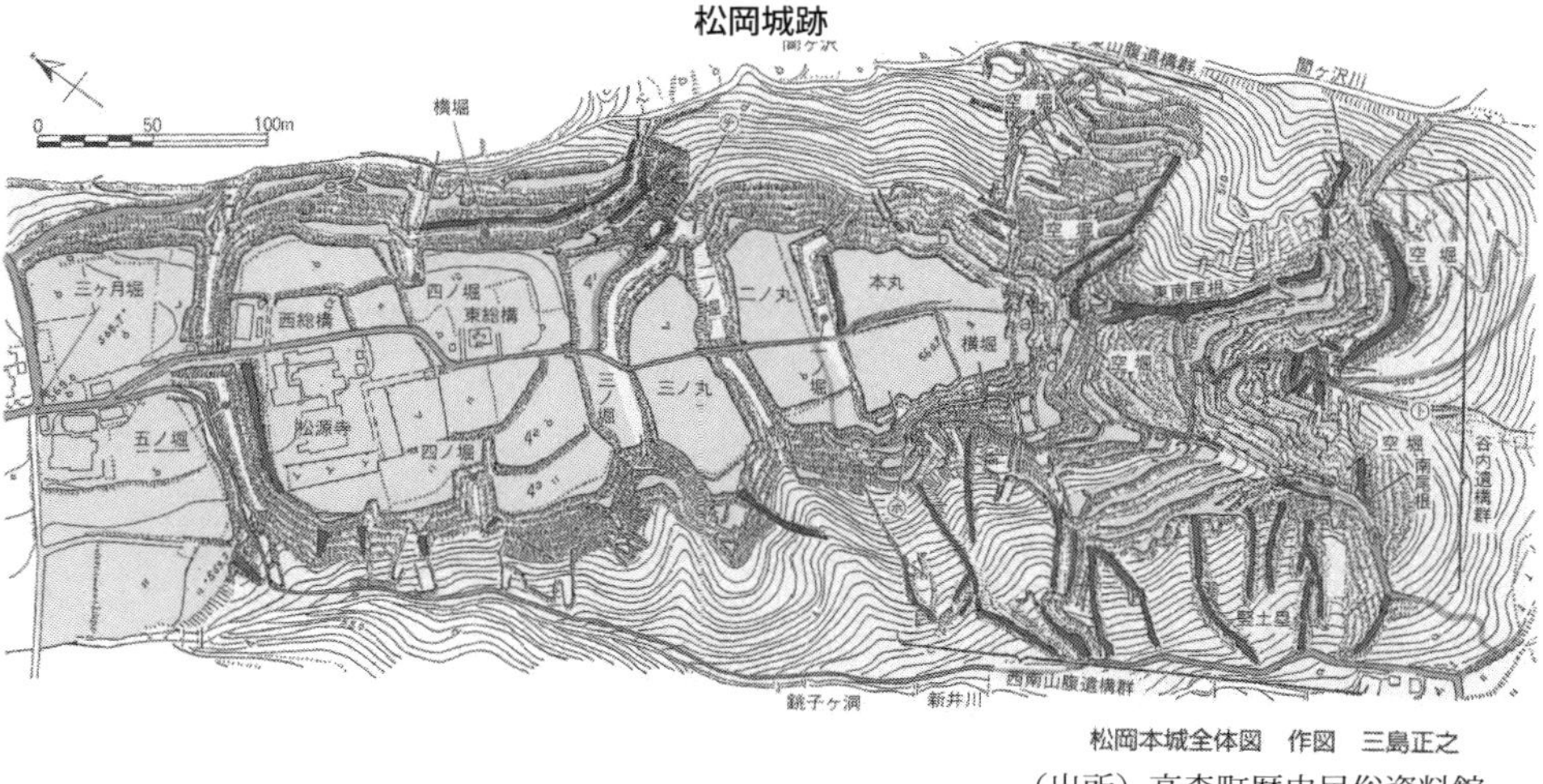

松岡本城全体図　作図　三島正之

（出所）高森町歴史民俗資料館

松岡氏の歴史

1. 発祥期（平安末期～鎌倉末期）

平安時代、前九年の役（1056～62年）で敗れた陸奥の安倍貞任の次男千千代が市田郷の牛牧村に逃れてきて、地頭となり松岡氏を名乗ったのが、市田松岡氏の始祖と言われている。最初の居館は、今の上市田籍の「古城」の地に構えたといわれている。

2. 興隆期Ⅰ（南北朝および室町時代）

南北朝争乱の世になると、平坦の地にある「古城」の館から段丘先端の要害の地に城を移した。それ以後、改易されるまでのおよそ200年間、この「松本本城」が松岡氏の本拠地となった。

松岡氏は、信州武家方の棟梁である守護・小笠原氏の武将として、牛牧・吉田等の郷内の諸族はいうまでもなく、座光寺・宮崎・龍口等の諸氏までもその傘下に組み入れるようになった。

3. 興隆期Ⅱ（応仁の乱～戦国時代前期）

守護・小笠原氏が家督争いで分立するようになり国内の統制が乱れ、豪族が互いに争う戦国の世になったが、松岡氏も近郷の豪族を従える中で、諏訪上社の神事や御射山祭の神事で頭役を何回も務めている。

その頃の城主・頼貞、貞正の２代の時が松岡氏の最盛時であったと考えられる。領地も現在の山吹・市田・座光寺・上郷の一部を領有し、下條氏・小笠原氏と並ぶ南信濃の大豪族となった。

4. 興隆期Ⅲ（戦国時代後期）

天文23（1554）年、甲斐の武田信玄が大軍を率いて伊奈に入ったのを契機として、松岡氏はその軍門に下り、自領の安堵を図った。

5. 衰亡期（安土桃山時代）

天正10（1582）年、伊那郡は織田信長の支配下に入ったが、信長の急死により徳川家康がとってかわった。家康と豊臣秀吉の勢力争いが激化していた時代で、時の松岡城主・松岡右衛門佐貞利は家康に誓詞を入れながら、豊臣方の小笠原貞慶に味方したため、天正16（1588）年、松岡貞利は改易を命ぜられ、その所領は没収された。

（出所）高森町歴史民俗資料館

神社本殿は大正二年に合祀されたが、荒神社を作ったのは松岡氏とされている)。

それから分派した知久則道は関ヶ原の合戦で徳川方についたため、旗本信濃衆として三千石を与えられている。

江戸時代

江戸時代には、この地域の柿が商品作物として普及し、年貢も米ではなく柿で納められるまでになった。

江戸時代の中期にはこの地域の干し柿が天竜川を下ったり、陸路「中馬」によって江戸に運ばれていた。この柿は立石柿といわれるもので、下伊那郡三穂村（現在の飯田市）の立石寺を中心に広く栽培され、串柿、焼柿と呼ばれていたものである。

これについては、江戸時代中期の文献『本朝食鑑』に「信州の立

立石寺（飯田市）

市田柿天竜川を下って江戸へ
—「立石柿出荷天竜川船絵巻」(1804 年奉納)—

（出所）飯田市美術博物館

石に小串柿というのがある。（中略）味が浅く、梢《やや》佳《よ》いものである」と紹介されるなど、５００年以上の歴史を誇っている。

また、江戸時代には換金作物として柿がしきりに生産されるようになった。大島山村、吉田村（現在の高森町）の「大島山村柿改野帳」によると、明暦２（１６５６）年には柿の木が３２７本あり、干し柿収穫量は２３７重《かさ》だったと記されている。[3]それが文化４（１８０７）年には７８５重になったと記されている（『市田柿のふるさと』）。その間、

（注３）一重（カサ）は干し柿４００個分で、玄米６合の割合で年貢が課せられていた。

かなりのぶれがあるが、柿の生産が地域の産業として定着していったものと思われる。
柿は生命力が強い果樹であるが、成木になるまで時間がかかるため、すでに当時から接ぎ木が一般的におこなわれてきた。

明治・大正時代

しかし、江戸時代までは柿の木は土手や農家の庭先に植えられ、農閑期の手間仕事だったことには変わりがない。これが近代的農業として確立するのは明治になってからである。

近代的農業として「市田柿」を育て広めた先駆者としての上沼正雄・鉄男親子、樹木技術に貢献した福澤喜三郎・伝蔵親子の役割は大きかった。

上沼正雄

上沼鉄男

（出所）『市田柿のふるさと』より

栽培農業

明治に入ると政府が中心となって近代的農業を推進するため、県立農事試験場・下伊那分場が設立された。１８８８年には最初の「下市田柿種調査」がおこなわれ、柿栽培が産業として評価され始めた。民間では、上沼正雄が明治47（１９０７）年、柿栽培用の農場を開いた。それまでは川沿いの土手や庭に植えられた柿からの収穫が中心であったが、これを農場で商品として栽培しようとした初の試みであった。

「市田柿」への改称

明治後期から大正時代にかけては、栽培された柿を商品として東京、名古屋、大阪などの大都市マーケットに売り込もうとする努力が続けられ、大正10（１９２１）年には名称を従来の「焼柿」から「市田柿」に改称することになった。[4]

（注４）市田柿は焼柿と呼ばれていたが、東京市場への進出にあたって、その内容をあらわすために有志が中心に改称を村・郡・県に申請し、認められたものである。個別パッケージなどと合わせて商品化の第一歩であった。（『長野県果樹発達史』参照）

優良品種の改良

大正13（1924）年には「長野県柿品種調査展覧会」によって、市田村在住の羽生茂一、山岸鉄造、木村生蔵の三人が入選した。このことにより、市田柿の優良品種が絞られることになる。

このような努力にもかかわらず柿の生産・販売が爆発的に拡大したわけではなかった。長野県ではむしろシルク用の養蚕が隆盛しており、どちらかというと柿は農閑期の副業としての性格が強かったのである。

戦後、地域産業として発展

昭和に入って世界大恐慌の後、シルクの輸出が激減し、それに代わる地域産品として柿が注目されたりしたが、戦争の影響もあり柿の生産も低迷する。地域における特産品づくりの中で新たな努力が続けられたが、柿の生産はなかなか回復しなかった。新たな地域産業として安定するのは昭和50年になってからである。[5]

「市田柿」が近代的農業として再生するにあたって、優良系統の選択、栽培方法の改善、加工技術の確立、新たな販売方法の模索が続けられた。

優良系統の選択

市田柿の優良系統については長野県農協試験場下伊那分場において継続的に実施されている。戦後は１９４９年に最初に実施されたが、１９６６年～１９６８年にかけて本格的な調査がおこなわれ、次の６種類が選定された。

（注５）養蚕業の盛衰や海外から導入されたりんご、なし、ぶどうなどとの意合により、柿は必ずしも順調な発展をとげたわけではないが、生産・加工・保存技術の工夫と販売システムのイノベーションに支えられて最近は復活の動きがでている。

栽培方法の改善

戦後は、農協や経済連を通じて、東京、名古屋、大阪などの大都市マーケットが開けたこともあって、市田柿を地域の特産品として育てようという動きもあり、専門の果樹農園も増え、栽培面でも病害虫防除、施肥、整枝、剪定の技術が確立し普及した。

硫黄燻蒸法

昭和23（１９４８）年から3年間、県立農事試験所下伊那分場で、市田柿と平核無柿の硫黄燻蒸の調査・実験がおこなわれた。これは硫黄を短時間燃焼させ、発生した酸化硫黄で燻蒸する方法である。皮むき直後におこなうことで殺菌と漂白作用が働き、カビ予防や鮮やかな飴色に仕上がる。

優良母樹の選定

市田柿の優良系統選枝は、昭和24（１９４９）年と昭和41〜43（１９６６〜１９６８）年に実施された。その結果、松川町や豊丘町、県立農事試験所などにあった六樹が優良系統に指定され、育苗業者への接木の配布がおこなわれた。

樹園地栽培

それまでは土手や畦などでの放任栽培が中心であったが、これをきちんと管理するための樹園地が計画的につくられることになった。

袋詰めの出荷

戦後、共同出荷が始まると、秀品は化粧箱、優品は平石箱、良品は石油箱に区分けして出荷されるようになった。昭和48（１９７３）年からは、１５０〜２００号でパック詰めが一般的となった。柿の個別袋詰めもおこなわれるようになるなど、地域の人々の長い努力によって、「市田柿」が地域の産業としてのポジションを確保していった。

１６６８（江戸明暦元）年頃には５０４本、１８８５（明治18）年には７２８本、１９４３（昭和18）年には９５０本が栽培されていたという記録が残されている。ちなみに最近の記録では高森町だけで約６０００本が栽培されているという。

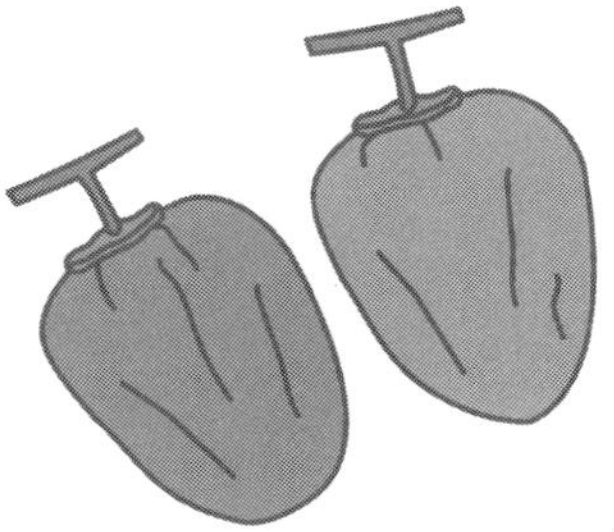

市田柿の歴史

（時代）	（市田柿に関することがら）
奈良時代	中国から渋柿が伝来
鎌倉時代	飯田・下伊那地域で渋柿を栽培、串柿に加工
室町時代	松岡氏が現高森町市田に松岡城築城
江戸時代	
1838 年	立石寺に「立石柿出荷天竜川通船絵馬」の奉納
文化年間	伊勢講がはやり、下市田に伊勢社が祀られる
明治時代	
1895 年	伊奈郡立農事試験場開設
1907 年頃	上沼正雄が柿の栽培農業開始
大正時代	
1921 年	焼柿から市田柿に改称申請
1924 年	長野県柿品種調査展覧会開催
昭和初期	
1929 年	世界大恐慌。養蚕業から果樹栽培へ
戦後	
1948 年	県立農業試験場下伊那分場で硫黄燻蒸の調査・試験
1960 年頃	硫黄燻蒸法が普及
1980 年頃	果樹地栽培が定着
1985 年頃	火力乾燥法や消毒法の改良・普及
平成時代	
1994 年	市田柿専用の全自動柿むき機「ムッキー」の開発・普及
1995 年	「柿を使った料理コンテスト」開催
2006 年	「市田柿」が特許庁の地域ブランドに認定される
2007 年	「市田柿ブランド推進協議会」設立

（出所）『市田柿のふるさと』より作成

地域をあげての取り組み

高森町・熊谷元尋町長に聞く

聞き手・鈴木克也

市田柿発祥の地

――市田柿発祥の地は高森町と考えてよいのでしょうか。

熊谷　高森町は、旧市田村と山吹村とが合併して誕生した町です。われわれも、町の主要産業の一つである「市田柿」のルーツがどのあたりにあるのか調べようと、関心の高い町内外の有識者に集まっていただき、研究して『市田柿のふるさと』として本にまとめました。

その結果、「(市田柿は)下市田が発祥の地である。」ということがわかり、現在はそこにその旨を記した「市田柿原木の地」の碑が建っています。そもそも、市田柿はより古くからあった立石柿に接ぎ木して広まったとされていますが、松岡城跡には市田柿の原木とされるものが残っています。

市田柿の特徴

——わが国にはいろいろな種類の柿がありますが、市田柿はどんな点に特徴があるのでしょうか。

熊谷　柿の種類それぞれに誇るべき特徴があるのでしょうが、市田柿の場合は、次のように考えています。

①見ためが美しく品がよい……小ぶりなこともあるのかもしれませんが、甘くて上品な味は、見た目が白い粉にくるまれた赤い中身ともあいまって、よく京菓子に匹敵する

市田柿の由来研究実行委員会監修
下伊那郡高森町発行

市田柿原木の地と古木

市田柿原木の地

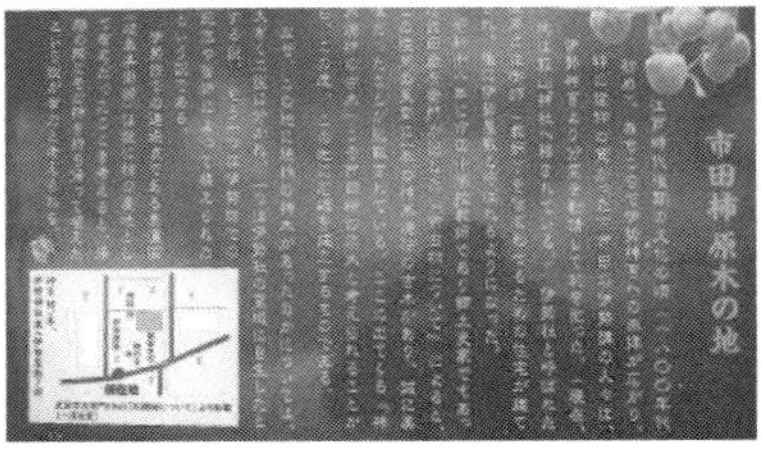

（出所）編集部撮影

なんてことも言われます。

②他の食べ物との取り合わせがよい……これは、市田柿に限らず柿そのものの特徴かもしれませんが、柿は他の果物に比べて特有のにおいがなく、それだけワインやチーズなどとの取り合わせがよい食べ物です。特に、市田柿の場合は食感が羊羹のような点ともあいまって、好評のようです。

③手軽で身近な健康食品……柿渋の成分に関係あるらしいが、健康食品として見直されています。昔からこの地方の人は酒を飲みにいく時は市田柿を食べてからいきます。柿の成分で悪酔いしないと言われています。

地域のキャラクター

（出所）高森町公式サイト

地域の宝

——この地域にとって、柿は宝のような意味をもっていると思います。柿は地域コミュニティとどのようにつながっていますか。

熊谷　当然、全国ブランドになった市田柿を前面に出して、高森町や南信州のことを知ってもらい、農業全体の振興、ひいては観光の振興にも役立てたいと考え、いろいろな施策を進めているところです。

その一つが、高森町キャラクターの「柿丸くん」です。数年前になりますが、高森町の小中学生によるたかもりみらい議会の場で「高森町にも何かゆるキャラが欲しい

イベントに活躍の柿丸くん

よね」という提案がなされ、町民からキャラクターと高森町のキャッチフレーズのアイディアを募集することにしました。

これは反響が大きく、キャラクター30点、キャッチフレーズ67点の応募がありました。その全作品を平成23年11月の「高森まるごと収穫祭」で展示し、キャラクター15作品、キャッチフレーズ5点に絞ったうえで、町内10施設で町民による人気投票をおこないました。投票総数は3031票にもなり、町民の関心の高さがあらわれました。その結果キャラクターは「柿丸くん」、キャッチフレーズは「元気モリモリあったかもり」に決定しました。キャラクターははっきりした図柄で色もよいとの評判で、着ぐるみもつくり、あちこちに出かけていくようにしています。以降、町のシンボルとして特別住民票を交付し、高森町の関わるさまざまなイベントなどで活躍してもらっています。

もう一つは、「市田柿のふるさとＰＲ大使」による情報発信です。例えば、柿の里大学（町民を対象にした時事講座）の講師をお願いしたのを契機に、ＴＢＳの杉尾秀哉氏にもＰＲ大使を引き受けていただいています。

市田柿の未来

――最後になりますが、市田柿を柱としたまちおこしの未来を考えた場合、今後の鍵となるのは何だと考えていますか。

熊谷　幸いなことに、市田柿は平成18（２００６）年に特許庁から「地域団体商標登録

特別住民票の交付

地域をあげての取り組み

柿色の壁面の高森中学校

松岡城跡の柿畑

松岡城跡の古木

高森町歴史民俗資料館「時の駅」

制度」に基づく長野県唯一の「地域ブランド」として認定されました。翌年には、地域ブランドとしての価値や生産性向上を目指し飯田市・下伊那郡全体の「市田柿ブランド協議会」が設立され、品質や衛生管理面での基準が整備されました。このブランドをきちんと守っていくことが大切だと思っています。

その一方で、「かぶちゃん農園株式会社」のような有力な企業にも進出していただいているので、地域産業としての飛躍にむけた枠組みはできていると思います。

中学生の体験学習の風景

（出所）高森町

それらを活かして将来の飛躍を図るためには、やはり後継者たる子供達に市田柿に興味を持ってもらうことが最も大切だと思います。そのため、中学生のキャリア学習として、「市田柿の収穫・加工体験」をカリキュラムに入れてもらっています。これは大変好評で生徒は市田柿への愛着を一層強くしますし、農家は収穫で忙しい時なので大助かりです。

また、中学校の外壁は柿色にするなど、町全体で市田柿に取り組む姿勢を打ち出していきます。その他、柿渋を活用した関連グッズ（染物など）の開発などにも注力していけたらと思います。

今後はこれを、観光や土産品づくりにも結びつ

市田柿のふるさとの観光案内

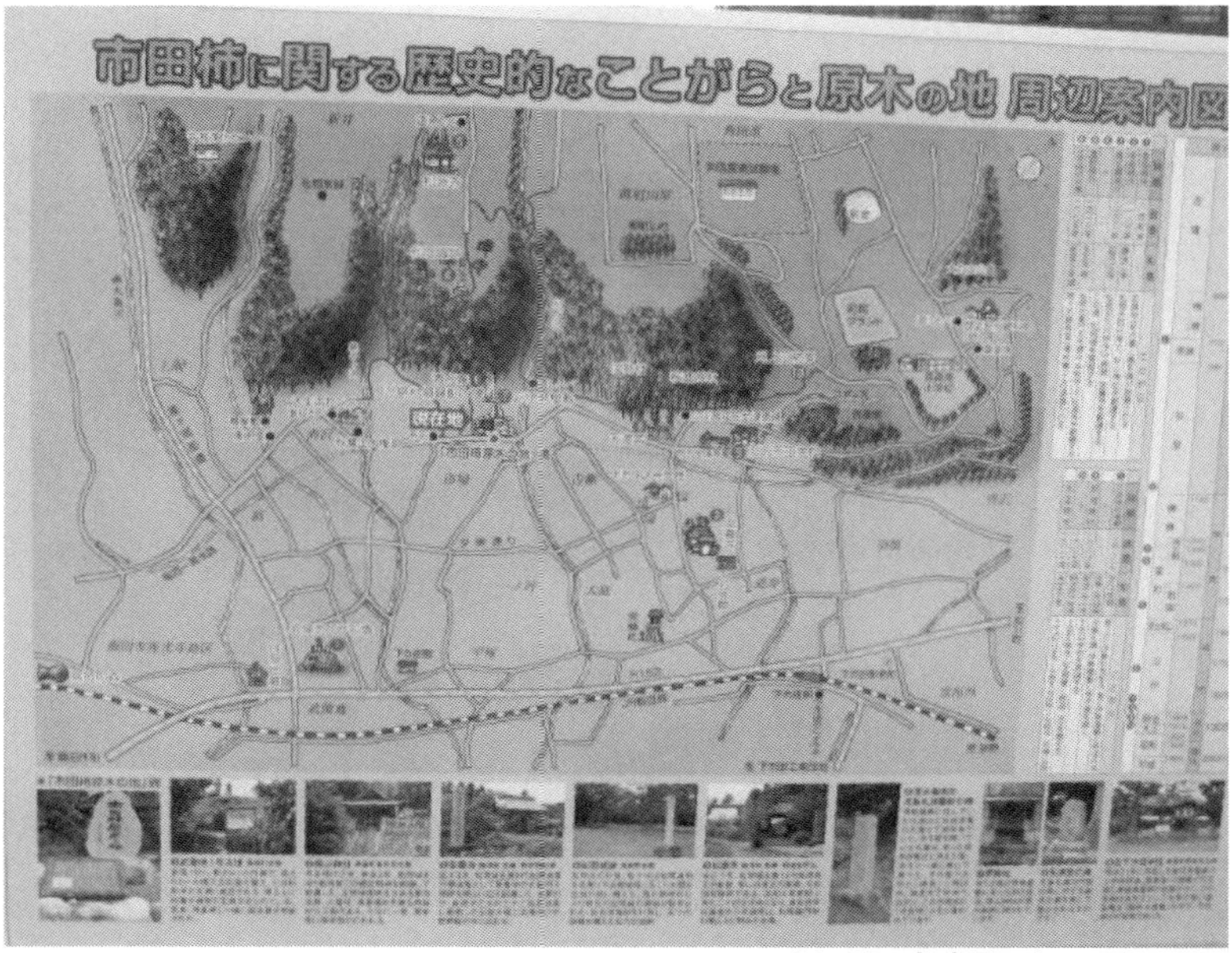

（出所）高森町パンフレット

けていきたいと考えています。特に、市田柿の原木の地と松岡城跡を結ぶ地域は歴史的・宗教的な雰囲気もあるので、柿を前面に出した資料提示や柿ロードを整備したりすることで、もっと見どころのある場とすることができると思っています[6]。そのための情報発信のあり方なども見直し、総合的に展開を図ることが必要だと考えています。

（注6）原木の地から松岡城跡までの道、松岡城跡の柿畑の前の道などを柿ロードとして整備すれば魅力的な観光スポットとなる。

第２章
地域ブランドとしての
「市田柿」

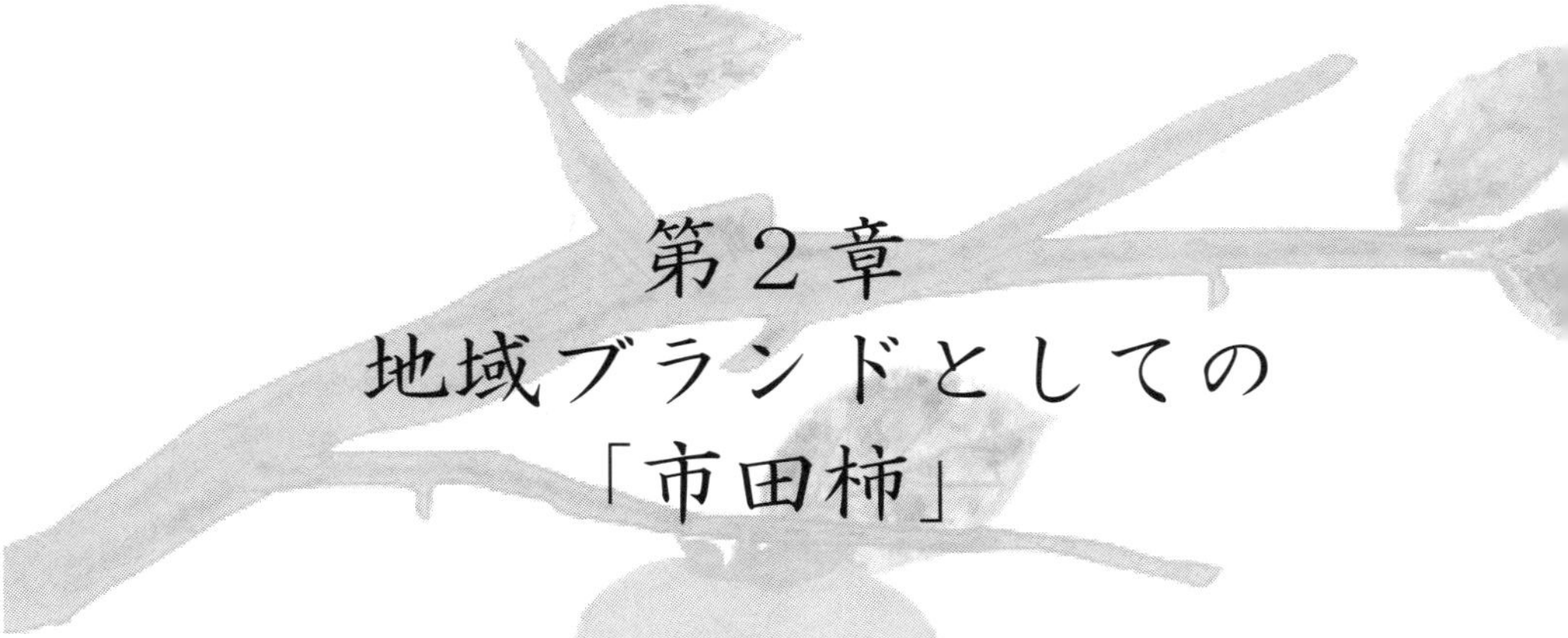

地域ブランドへの道

２００６年４月、南信州の「市田柿」が地域ブランドとして正式に認可された。２００６年の商標法改正に伴って、「地域団体商標」として長野県で最初に特許庁によって認可されたものである。[1]

これは、みなみ信州農業協同組合と下伊那園芸農業協同組合が中心になって、地域の行政、農家、販売関係者が一体となって「市田柿ブランド推進協議会」を設立し、研究会を催しながら粘り強く行動した成果である。

（出所）みなみ信州農業協同組合パンフレット

（注１）「地域ブランド」は地域の資源や魅力など独自の価値を象徴するものである。それを具体的な産品と結びつけたものが「地域団体商標制度」である。２０１４年９月現在の登録数は５７０件である。

このブランドを維持するためには、衛生管理を徹底するため、加工技術・機械器具、販売管理などのチェックを続け、流通管理として、全アイテムにトレーサビリティ（追跡調査）を実施することになっている。

栽培から収穫まで

市田柿は、古くは農家の庭や土手などに植えられ、農閑期の手間仕事として扱われてきたが、今日では商業用の栽培に適した農園での栽培が中心になっている。柿の栽培は、他の農産品に比べれば手間はかからないほうだといわれているが、それでも季節ごとに様々な作業が必要である。

①剪定（冬～３月下旬）

杯を裏返したような形に樹勢が広がるように剪定する。収穫作業がしやすいように樹高は２～３メートルとするのが主流。

②花が咲く（5月頃）

柿の花は小さくて白い。比較的短期間であるが、非常に美しい。ミツバチが飛びかい受粉をおこなう。遅霜になると花が落ちてしまう。この時期に消毒や下草刈をおこなう。

③摘果（6～8月）

大きな実を収穫するために、あらかじめ実を選別して摘果する。自然落下することもある。草刈りも大きな仕事である。

④収穫（10月末～11月）

収穫は10月下旬から11月上旬、木で熟した実が収穫される。柿の木1本から500～

開花

収穫

草刈り

（出所）各種資料より作成

１０００個の実を一挙に収穫しなければならないので人手がかかる。

⑤干し柿づくり（11月～12月）

皮をむいたら吊して連をつくり、硫黄で燻蒸した後、２週間～20日柿ハウス内に干す。干し上がったら連からはずして、天日に干したり柿もみをして粉を吹かせ仕上げる。

⑥出荷（12月～1月）

化粧箱やパック、袋詰めなど用途に合わせた様々なサイズで出荷。お正月の縁起物として鏡餅に飾りつけたり、元旦の朝に食べる風習もある。

干し柿の加工・保存技術

市田柿は収穫してから干し柿とし、保存管理をして年中いつでも個別パッケージにして

パッケージ

出荷できるようにするには、設備の充実やそれを管理するシステムが必要となってくる。後述する「かぶちゃん農園」でおこなわれている加工・保存のプロセスを紹介しておきたい。

①皮むき

大きさ別に分別したうえで、自動皮むき機（ムッキー）にかけられる。昔はこれが手作業でおこなわれていたので、作業は大変であった。

②連づくり（吊るし作業）

皮をむいた柿を大きさ別に果実が触れ合わない間隔で20～25個ずつ吊るす。つる糸にへたを巻きつけたり、作業合理化のため、専用グリップを使ったりする。むいた皮は、干して漬物の味を整えるのに活用される。

③硫黄燻蒸

皮をむいた柿を吊るした後、果実の酸化を抑えて果実の黒変

皮むき

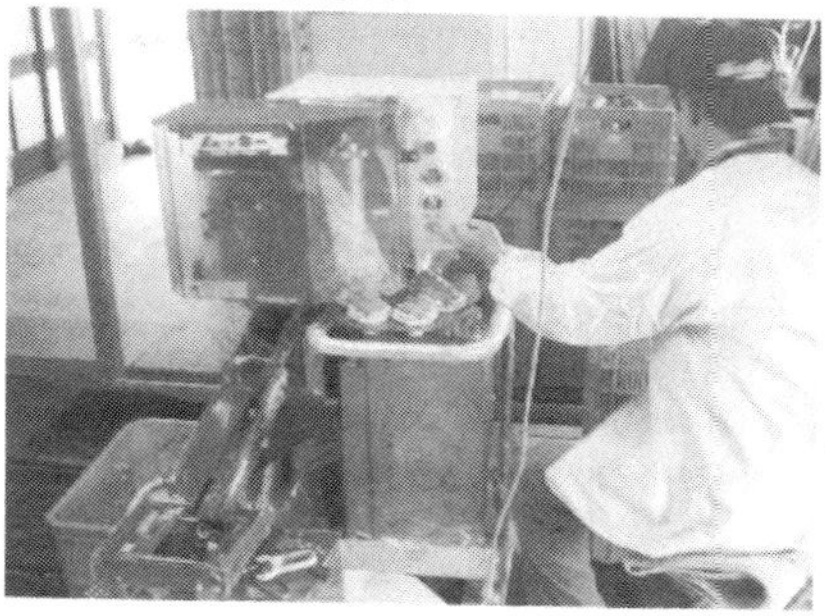

を防ぎ微生物の繁殖を抑え殺菌するため、硫黄燻蒸をおこなう。硫黄の使用量は10グラムぐらいで15分程度である。

④乾燥

吊るした柿を軒先や専用の干し場などの風通しのよい場所に吊るす。乾燥方法には、柿を室内・施設内で吊るして乾燥させる自然乾燥法と途中から火力併用で短期間に乾燥させる火力併用乾燥法がある。

⑤はぎおろし、柿もみ

取り込み時期は皮むきから25日程度で柿に縦じわが入り、果肉が羊羹状になった時である。連に吊るした柿をつるから取り外し、手もみや柿もみ機を使ってマッサージするように万遍なくもむ。

柿もみ

乾燥

⑥寝かせ込み・粉だし

はぎおろしした柿は、果柄とヘタを切り込み、表面に凹凸をつけた紙の上に並べ寝かせ込みをおこなう。時々並び変えながら天日に干したり寝かせたりを繰り返す。白い粉が吹き出し、中はきれいなオレンジ色となって出荷できる状態となる。

⑦パッケージ・発送

粉だしが済んだ柿は形を整えて個別包装する。通常6〜8個入りの200グラムパックや700グラム入りの化粧箱に入れて出荷する。

市田柿の生産・出荷量の推移

農林省の特産果樹生産動態調査によると、長野県の干し柿仕向けは、2011年の柿栽培面積697ヘクタール、柿生産農家数3600戸（飯田市がその42%）となっている。

干し柿出荷量としては２０１０年で１７６４トンで、これは全国の出荷量５３４８トンに対して32・９％を占めている。

生産量の推移

同資料で過去の全国での干し柿の出荷量の推移をみると平成15年が６７７４トン、平成18年が８４２３トンに対して、平成22年は５３４３トンにまで低下しており、その中では長野県のシェアは高まっている。

市田柿の出荷量の推移

（H22特産果樹生産動態等調査結果より）

	干し柿仕向量(t)	干し柿生産量(t)	干し柿出荷量(t)
福島県	4,164	3,073	1,423
山梨県	1,790	928	772
長野県	8,231	2,055	1,764
富山県	964	307	307
和歌山県	974	424	364
愛媛県	742	477	282
全　国	18,655	7,811	5,348

＊干し柿仕向け量は干し柿用に生産された生果の量

（特産果樹生産動態調査より作成）

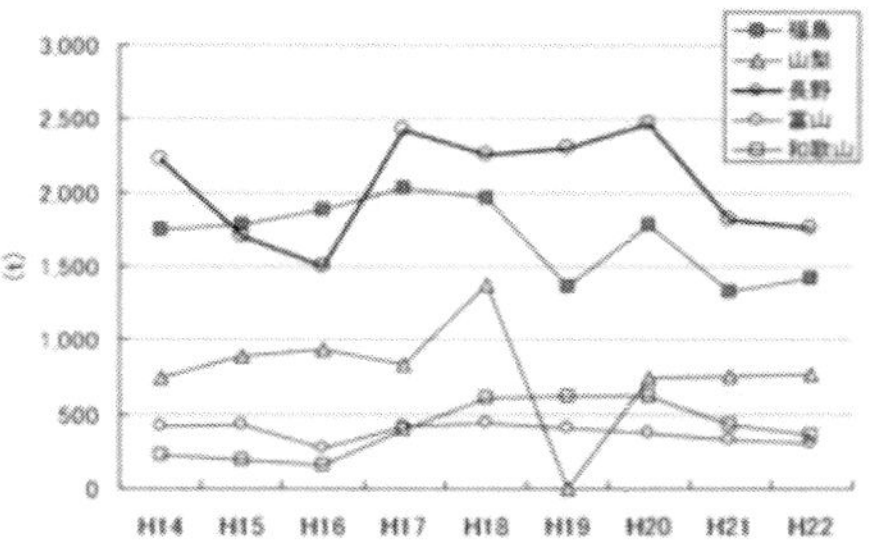

（出所）市田柿ブランド推進協議会公式サイト

輸出量

先にも示した通り、柿の輸出量自体最近から統計上にのり始めたが、そのほとんどは干し柿だと考えられる。

しかし、金額はまだ1億円台にとどまっており、今後の巨大な潜在マーケットが想定される。

全国の干し柿出荷量

平成15年	6774トン
平成16年	6119トン
平成17年	8013トン
平成18年	8423トン
平成19年	5568トン
平成20年	6879トン
平成21年	5440トン
平成22年	5348トン

（出所）特産果樹生産動態等調査

産地探訪

市田柿のふるさとを訪ねて

柿の収穫期の11月初め、市田柿のふるさと信州・下伊那地域を訪問した。以前にも何回か訪問したが鈴なりになった柿の木や干し柿用の吊るした姿を見て感動した。

まず、高森町の松岡城跡にある柿の古木。前回８月に来たときは濃い緑の勇壮な木であったが、今は葉が落ちて柿の実が鈴なりになっていた。この木は天竜川に面した段丘の上にあり、いかにも竜の通り道のような気にもなるので、これを昔話の「竜と柿の物語」とつなげ、この道を「柿ロード」としたら雰囲気のあるスポットとなるのではないかと思った。

柿はこの地域にとっては宝物なので、この市田柿の由

松岡城跡にある柿の古木

来を探ろうと「市田柿由来研究委員会」が組織され、２００９年には『市田柿のふるさと』という形で出版された。その刊行にも大きな役割を果たされた高森町歴史民俗資料館前館長手塚勝昭さんに次のようなお話を伺った。

特別展『市田柿発祥の里』の模様

（高森町歴史民俗資料館）

高森町は市田柿発祥の地で、昔から干し柿づくりが盛んに行われてきました。そして平成十八年には、市田柿は地域ブランドの商品として国から認められ、全国的に注目を集め、南信州を代表する特産品に成長しました。ところが、その発祥の由来や歴史等がはっきりしておりませんでした。そこで「市田柿由来研究委員会」では、市田柿に関する史（資）料を収集・研究し、市田柿のルーツをはっきりさせたい。そして、町の宝である市田柿を後世に伝えるとともに町の活性化に役立てていきたいと考えました。さらに、市田柿の原木は、江戸時代後期の文化の頃、下市田村の伊勢社境内にあった神木の焼柿（のちの市田柿）の古木である、と認定しました。それを記念して市田柿原木の地の記念碑が伊勢社の跡地に建てられました。高森町歴史民俗資料館では、町民への市田柿セミナー、特別展「市田柿発祥の里」、中学生への市田柿の学習等行っています。その後、町のキャラクターに「柿丸くん」が町民からの応募で決められ、また、地域活性化を目的とした「市田柿料理コンテスト」等も回を重ねて開かれていますとのことであった。

これに対して筆者は「せっかくの宝物だから、新たな商品開発や柿まつりなどのイベント、観光スポットとしてもっと情報発信したらよいのではないか」との意見を申し上げた。

次にあちこちの柿畑を見てまわった。どの柿畑も木は人の背ぐらいに抑制して収穫がしやすいものとなっていた。すでに収穫が終わったところ、皮むきをしながら収穫しているところ、これから収穫のところといろいろあったが、いずれにしても今年は大豊作で今の人手では取り残しも相当出そうだという事だ。

柿の木は生命力が強く1本から500個も取れることがあるそうだが、一挙に実り熟して落ちてしまうため、収穫作業が大変なようである。収穫してからもすぐに皮むきして干さないと保存ができないとの難点もある。最近は皮むき機が普及したのでまだましだが、昔はこれを手作業でむいていたそうである。まさに根気のいる作業であったようだ。

最後に農家さんの話を聞きたいと依頼したところ、この地域で比較的大きく農園管理をしている代田修治さん（68歳）を紹介していただいた。夫婦で働いておられたが、非常に忙しい時期なので農園での立ち話でヒアリングした。

代田さんは8年前に会社を早期退職して農家になった方であるが、あちこちの農園を管理しており、成木100本はあるそうである。

「途中から農家になるのは大変でしたが、自然が好きなので苦になりませんでした。今は

代田さんと柿畑

収穫して生でメーカーや農協に出しています。皮むきなどやっている余裕がないくらい忙しいのです」との事である。

「今年は大豊作の時期で４００ケースぐらい出せそうですが、土・日には近くに住んでいる息子の応援を受けて収穫作業をしています。

実は人の所有の畑も引き受けているのですが、そのことを聞きつけてうちのものもやってくれないかとの話がたくさん舞い込むようになっています。それだけ柿農家の高齢化が進んでいるという問題もあるのです。労働力さえあればいいのですが今のところはこれで精いっぱいです」との事である。

「日ごろの維持管理は比較的楽な方ですが、５月収穫の梅と同時栽培しているので、剪定、消毒、草取りなど年中けっこう忙しい」ということである。

「この仕事は比較的年を取ってもできるので高齢化社会にとってはピッタリです。この仕事があるから健康にもよいし、仕事が終わった後の晩酌がおいしい」といかにも健康そうであった。

第３章
市田柿の楽しみ方

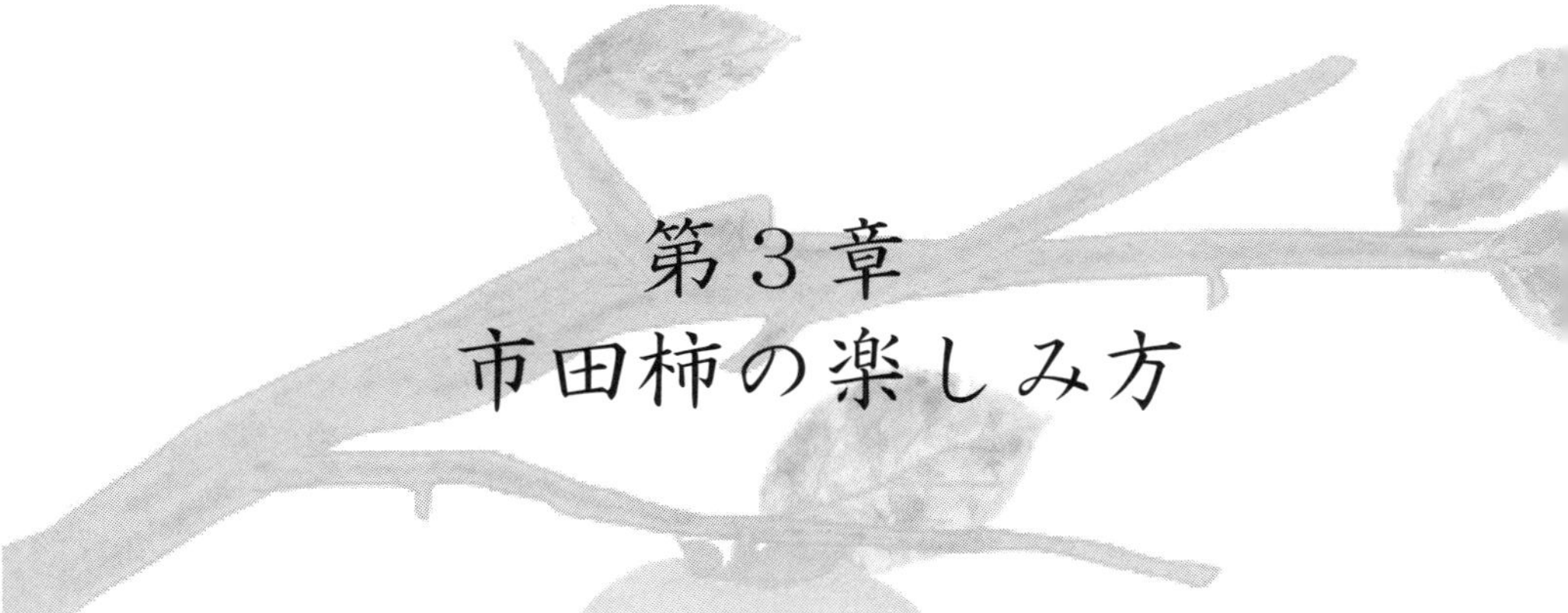

市田柿の特徴

「市田柿」は、形・食味のほか、その成分の機能性にも大きな特徴を持っている。

形・食味

市田柿の大きさは、１００〜１２０グラム程度、縦長で先が丸い形をしている。見た目はやや小ぶりだが、肉質は緻密でほどよい歯ごたえと適度の弾力が特徴である。鮮やかなオレンジ色の果実は糖度が高く、干し柿の一級品である。

表面の白い粉は、丹念に揉んで干すという作業を繰り返すうちに果実から滲み出す天然の糖分で、この粉が均等に美しくついているのが市田柿の特徴である。

栄養分の比較

	エネルギー	蛋白質	炭水化物	灰分	カリウム	リン	マンガン	β―カロテン当量	ビタミンA	ビタミンB1	ビタミンB2	ビタミンC	食物繊維総量
	Kcal	g	g	g	mg	mg	mg	μg	μg	mg	mg	mg	g
干し柿	276	1.5	71.3	1.5	670	67	1.48	1400	120	0.02	0.00	2	14.0
甘柿（生）	60	0.4	15.9	0.4	170	14	0.50	420	35	0.03	0.02	70	1.6
りんご（生）	54	0.2	14.6	0.2	110	10	0.03	21	2	0.02	0.01	4	1.5
日本なし（生）	43	0.3	11.3	0.3	140	11	0.04	0	0	0.02	Tr	3	0.9
ぶどう（生）	59	0.4	15.7	0.3	130	15	0.12	21	2	0.04	0.01	2	0.5
もも（生）	40	0.6	10.2	0.4	180	18	0.04	5	Tr	0.01	0.01	8	1.3
温州みかん（生）	46	0.7	12.0	0.3	150	15	0.07	1000	92	0.09	0.03	32	1.0

＊ 数値は可食部 100ｇ当たりに含まれる成分量（文部科学省食品成分データベース 2012 年６月 25 日データより作成）
＊ 温州みかんはじょうのう（普通）
＊ 干し柿 100ｇは市田柿で 3〜4 個に相当

（出所）市田柿ブランド推進協議会

栄養

昔から「柿が赤くなると医者が青くなる」と言われている柿は体に元気をつけ、万病にきく健康食とされてきた。大量のビタミンCと豊富なカロチンが含まれており、カリウムや食物繊維がたっぷり含まれているからである。また、食物アレルギーやＰ４５０酵素を阻害する作用もないので、安心して食べられる。

機能性

市田柿は、発がん性因子のフリーラジカル

やニトロアミンの生成を抑制する効果や免疫機能の向上、老化の抑制などの機能性を強くもっている。

また、胃腸の粘膜の炎症を治し、血管の透過性の増大を抑制し、血管を強化する。また、利尿作用により解毒を促進し、血圧を下げる。

さらに、肝臓、腎臓の粘膜を保護し、破壊された組織の再生を促進する。酒酔いによる頭痛を直し、血液のアルコール中毒症状を改善する。有害物質や過剰なコレステロール、食塩などを排泄する。

多様な楽しみ方

高森町では干し柿が元旦の供え物になったり、日常的な食材として利用されている。元旦の朝一番に朝茶と一緒に①市田柿、②豆、③栗の三点セットを食べる風習があることを紹介する。柿（カキ）は柿を「嘉来」と重ね、福を集める、豆は信州の方言で元気という意味、栗は「かち栗」といって「勝ち」を意味している。元旦にこの三点セットを食べることは縁起物であると同時に「歯固め」といって長寿を願うという年中行事となっている。それぐらい市田柿は人々の生活に入りこんでいる。

　このように市田柿は地域の食文化として定着しているだけでなく、今や全国ブランドとしても普及している。市田柿は、上品な食味から和食をはじめ様々な料理とよく合うし、その成分は健康・美容に効果が大きい。また、保存性に優れているので、海外への輸出や保存食にも適している。

正月の３点セット「まめでくりくりかきとる」

（出所）長野県高森町役場

高級贈答品として

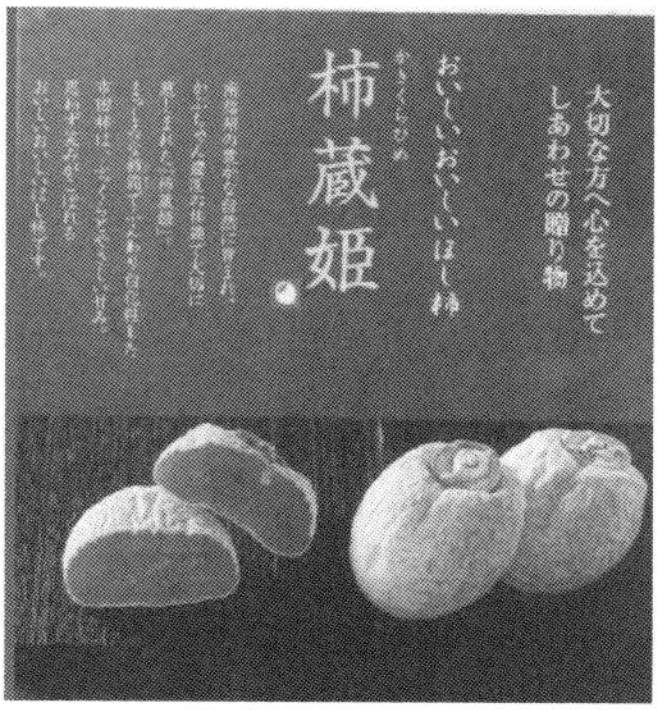

（出所）かぶちゃん農園パンフレットより

高級贈答品として

市田柿は上品な甘みが特徴であり、高級贈答品として既にブランドが確立している。今後も、色・形・パッケージ・保存性のすべての面で、徹底的に吟味し続けることが求められる。

これについては、一般の流通ルートにのせるのではなく、限定販売をするほうが価値が高まる。それも、現在の通販だけでなく、大都市の有名店やふるさとベスト・セレクションなどの新しいパイプを拡充していくべきと思われる。

大人のスイーツ（ワインと合わせて）

（出所）みなみ信州農業協同組合パンフレットより

大人のスイーツとして

今後、海外への展開を図るにあたっては、ワインなどの西洋料理との合わせ商品を開発する必要がある。チーズやクリームを挟んだ柿や西洋料理のデザートとしての利用などについても研究する必要があろう。

若者の気軽なスイーツとして

若者のおしゃれなスイーツとして、チーズなどを挟んだミルフィーユやヨーグルトやアイスクリームと合わせた新商品も考えられる。

特に干し柿は、血行をよくし、細胞の働きをよく

若者向きのスイーツとして

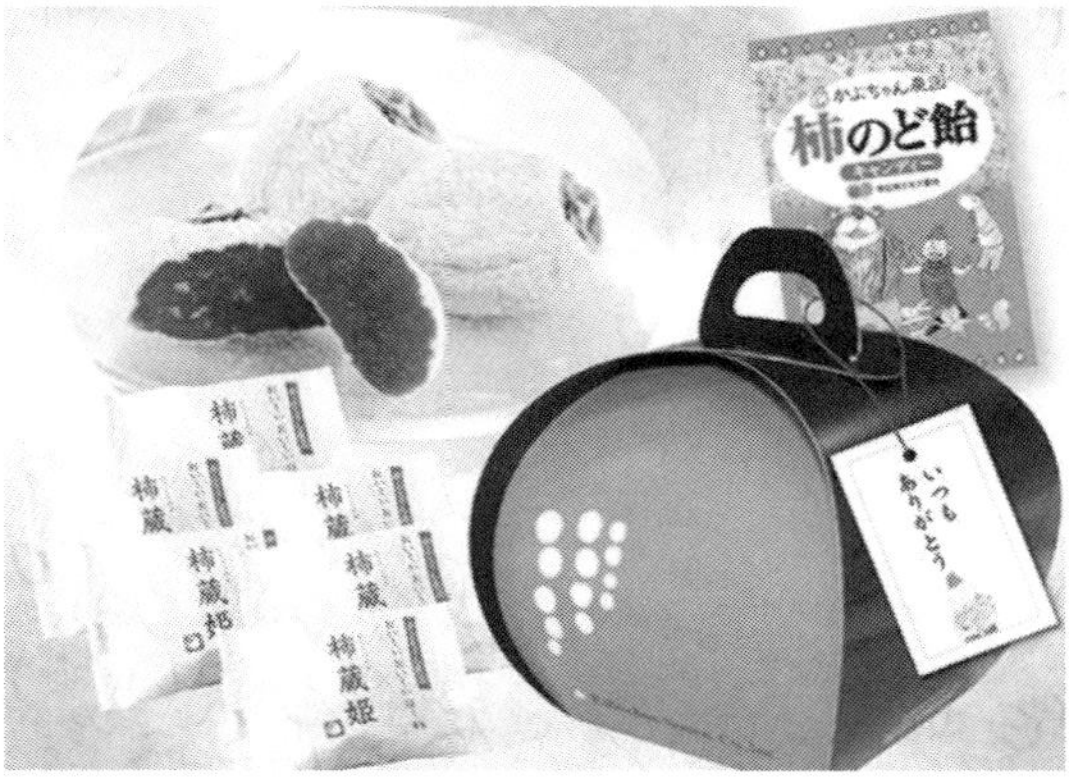

（出所）かぶちゃん農園パンフレットより

する成分を含んでいるので、美容には非常に効果が高い。そのメッセージをさりげなく打ち出す工夫が必要となる。

アンチ・エイジング

市田の干し柿は、その成分から高齢者の健康維持やアンチ・エイジングに極めて大きな効果がある。抗酸化作用をもつポリフェノールは普通の果物の六倍も含まれているし、排便を促す食物繊維の含有量も多いので、成人病対策としても有効である。

高齢化が急速に進む日本では、大きな潜在的マーケットがあるが、現在はまだ高齢者がそれらを楽しむ文化が十分に育ってはいない。

地域での料理コンテスト

出展作品

（出所）『柿のふるさと』

現在のところは高齢者の抱えている問題が大きく、高齢者が生活をゆったりと楽しむという文化が十分育っているとはいえないが、考えてみれば、これまでにもあった農閑期の湯治や祭りなど、高齢者がコミュニティで果たしていた役割を新しい感覚でつくり直していくことが必要なのかもしれない。

新しい商品開発体制

「市田柿」は、地域の高級ブランドとして定着しつつあるが、今後世界マーケットに向けて展開しようとした場合、現在の枠を越えた新しい商品開発の努力を続ける必要がある。そう簡単に新しい商品を生み出せるものではないが、色々な角度から研究を続けること自体が重要なのである。

地域としては、住民に関心をもってもらうためにも「柿の料理コンテスト」を続け、それを一種の祭りとしていくことが有意義である。

高森町では、平成11(1999)年3月「柿を使った料理コンテスト」が開催された。また、平成20(2008)年には、飯田地区女性団体連絡会議主催の「市田柿ブランド化応援フェスティバル」において菓子デザートの部、料理の部、ヤングの部で審査がおこなわれ、審査後、一般消費者に試食がふるまわれた。このような消費者と一体になった商品開発が望ましいし、イベントとしても盛り上がる。

第４章
かぶちゃんの挑戦
「柿の王国」の構築をめざして

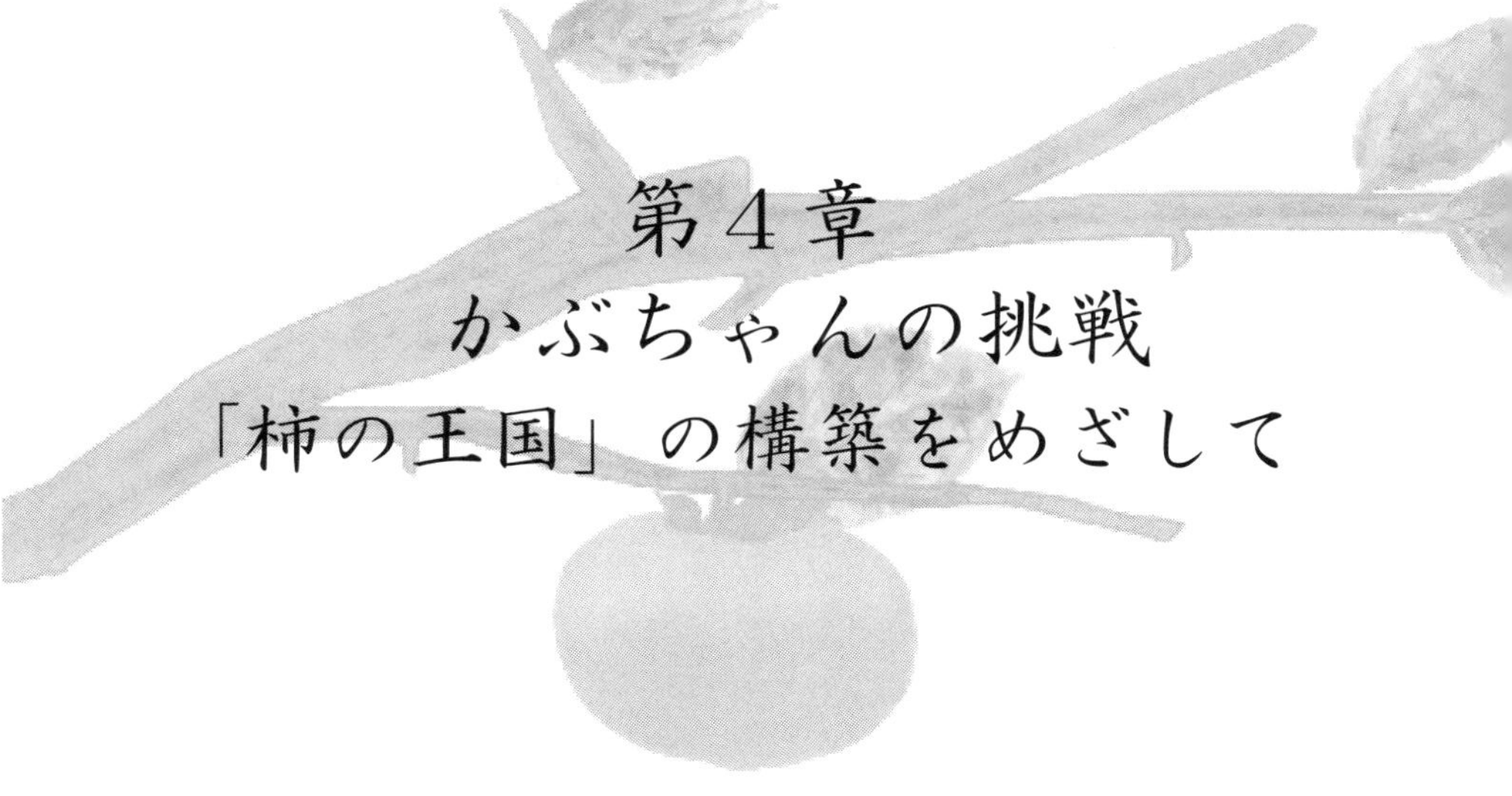

市田柿との出会い

天竜川のほとりに２００６年、干し柿の生産・加工・保存のセンターともいうべき「南信州柿プラザ」と「市田の柿蔵」が完成し、そこから車で五分くらいのところに、テーマパーク「かぶちゃん村」がオープンした。

これらをリードしているのが、かぶちゃん農園株式会社の代表鏑木武弥社長である。同社は、設立当初からアグリビジネスの会社で、本社は南信州、東京は支社となっている。[1]

（注1）かぶちゃん農園株式会社は２００５年5月、長野県飯田市を本社にして設立された。食と農と環境の３つを基本テーマとしている。

南信州柿プラザ

鏑木社長の言を借りれば、同社と市田柿とのかかわりは、以下のようなものである。「市田柿」についてのマーケットの反応がよいことは分かったし、それが地域ブランドとして認定される可能性が高いことは分かっていたが、それを事業として本格的に展開するには、生産・加工・保存・パッケージなどトータルな取組が必要だと感じられた。そこで、南信州・伊那谷の工業団地の一角に広大な土地を確保し、そこで総合的に展開するための拠点をつくることにした。

この拠点が、本社の入る「柿プラザ」と市田柿専用の冷凍・冷蔵保存施設「柿蔵」である。両施設は、主力商品である市田柿をイメージし、柿色の外壁や内装には地元産杉材を腰壁に使用した温もりのある、柔らかなイメージの建物となっている。「柿プラザ」は、地元はもちろん、都市と地域の交流の場としての利用も考えられており、地域社会の将来に

南信州柿プラザ

とって好ましい発展に寄与する企業として、地域の期待にも応えていきたいとしている。

個々の技術は、これまでの歴史の中で培われてきていたが、それらを総合的に管理運営するシステムを構築するのは並大抵のことではなかった。このプラザは、市田柿が地域ブランドとして認定された直後の2006年には完成し、下伊那の干し柿の生産拠点として大きなポジションを確保している。

なお、この拠点は、後述する「かきの森」のモデルや「かぶちゃんカフェテリア」と

南信州柿蔵

して、地域観光の拠点の一つになるように
デザインされている。

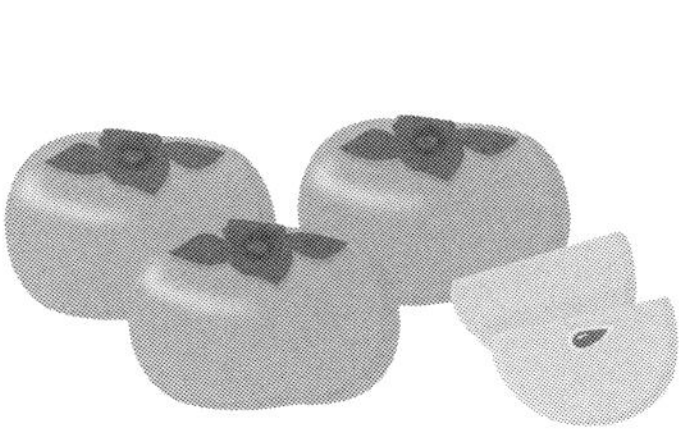

「かぶちゃん村」のコンセプト

同じ頃、縁があり南信州柿プラザ近くのテーマパーク「伊那谷道中」の経営を引き継ぐことになった。これにより、鏑木社長の農と食への想いは大きく拡がり、それを具体化する場ができた。

まずは、そのコンセプトとして「農と食と楽しみを」を掲げることにした。農への想いは若いころからの宮沢賢治や星寛治の考え方がベースになっており、国内外での農業実体験がそれを支えている。

こうした中で、市田の干し柿と出会い、これを事業として本格的に展開するためには消費者にも「農業の楽しさ」を実感してもらえる場が必要であると考えたのである。

「かぶちゃん村」のマップ

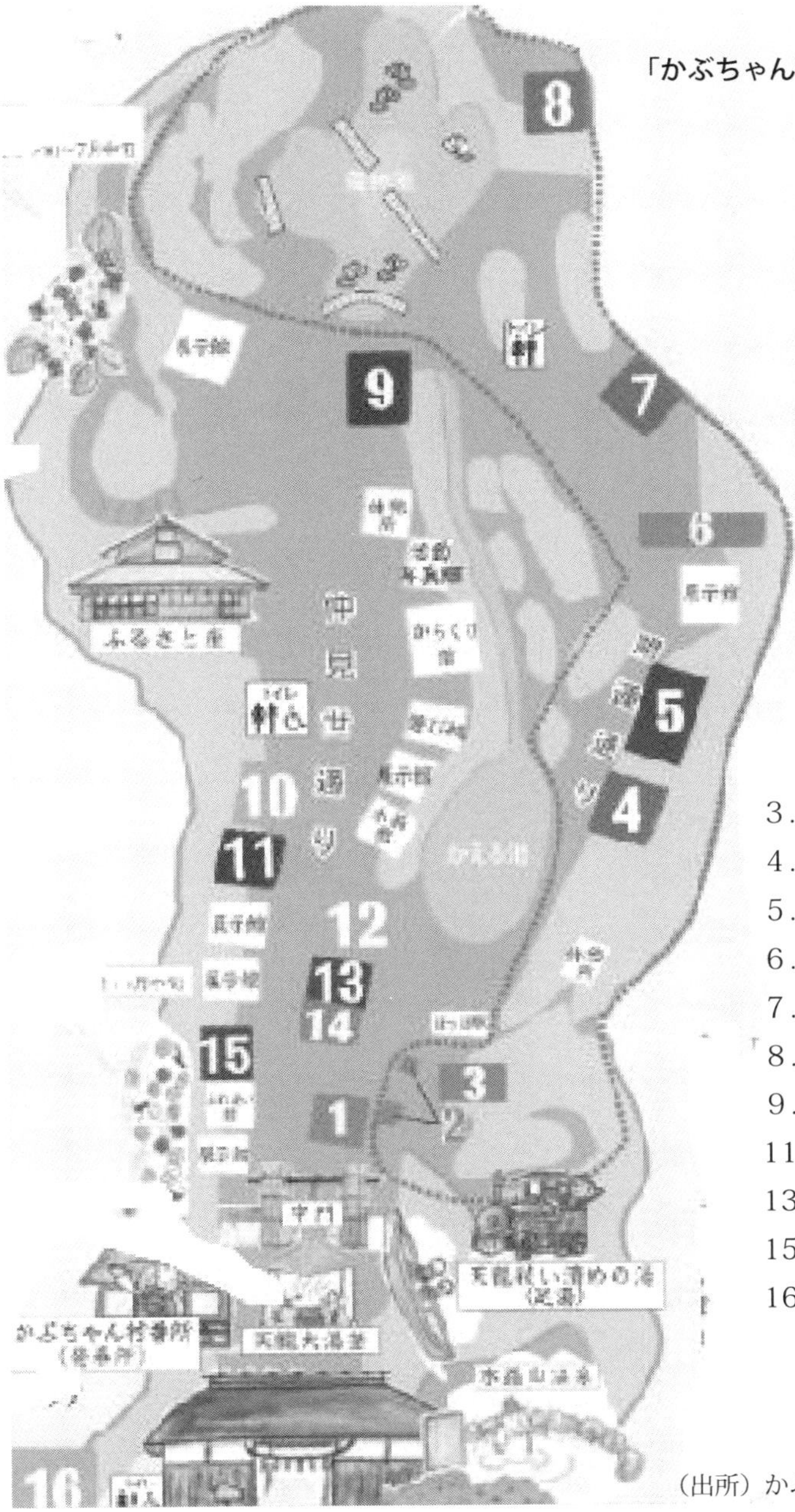

3. 昭和館
4. 工芸館
5. 造り酒屋喜久水館
6. 太平資料館
7. シルク館
8. 陶芸館
9. 飯名水引
11. 味噌の丸萬醸造本舗
13. かぶちゃん農園館
15. 和雑貨くろちく
16. 開運桜

（出所）かぶちゃん村公式サイト

柿神社

このテーマパークは信心深い地域の名士によってつくられたものであり、パーク内に9カ所の神社が設けられていた。

つまり、テーマパークを一巡すると伊那谷の神社を巡ったことになるというわけである。その中心は、天竜川の竜の目をイメージした水晶神社である。その中心は竜のウロコから変わったといわれている水晶を祠った水晶宮であるが、本書のテーマである「柿の王国」との関連では何といっても「柿神社」が重要である。これを活かすために、このパークを入手した時、最初に手をつけたのが「柿神社」である。ここには長崎の原爆にも耐えたという柿の木からとった苗を移植し、神主さんに魂も入れてもらった。これは、後述する『柿の王国』構想のもとでは、大きな位置を持つものである。

神社巡り

水晶宮

水晶宮　安産育児の神
水神社　水の神
稲荷社　商売繁盛の神
八坂社　厄落としの神

天満社　学問の神
猿田彦社　土地の神
秋葉社　火伏の神
蚕玉社　蚕の神
柿神社　柿の神

柿神社

柿の博物館

このテーマパーク内は、伊那谷の昔の生活様式を展示した博物館となっている。確かに、伊那谷の生活と文化の全貌をみれるという意味をもっているが、ビジターを感動させるものとなっているかどうかについては見直してみる必要がある。

しかし、これを「柿の殿堂」の視点から見直せば、非常に大きい可能性をもっていると考えられる。まず、そのうちの一つを「柿ミュージアム」としてリニューアルすれば、インパクトのあるものとなるであろう。その条件としては、竜と柿に関する全ての資料が集められており、さらに柿むきの体験や柿を使ったアート作品にふれ

博物館の柿すだれ

（出所）かぶちゃん農園

ることができ、柿料理やお茶のお点前によるもてなしなども受けられるといった柿に関するありとあらゆるサービスを演出することが考えられる。

柿のイベント

このテーマパークを活用するには、ここに来たくなるような魅力のあるコンテンツを準備し、その情報発信をすることが必要だが、まずは地域の人々が気軽に利用するようなイベントを企画することから始めねばならない。

地域イベントとしては、現在のところ「夏祭りイベント四十四連発」のような年間のスケジュールが企画されている。

柿の森

「かぶちゃん村」という拠点ができたことによって、「市田の干し柿」を中心とした夢は大きく拡がっている。

それをパーク内だけで実現しようとしても、限界がある。そこで浮かび上がったのが、「柿の木一万本プロジェクト」とその発展形態である「柿の木三万本プロジェクト」、さらにそれを大きく広げた「柿の森プロジェクト」である。

柿の木一万本プロジェクト

市田柿は地域ブランドとして認証されたにもかかわらず、高齢化で生産者が減る一方であった状況を打破し活力ある地域創造にむけた契機にすべく取り組んだのが「柿の木一万本プロジェクト」である。これは、柿の種や苗を地域にもっと拡げ、一般の人にも柿の栽培に参加してもらおうというものであり、次項の「柿の森プロジェクト」の起爆剤としての役割も担っている。

柿の森プロジェクト

２００６年から始まった「柿の木１万本プロジェクト」は、かなりの実績をあげたので、２０１１年にはこれを「市田柿三万本プロジェクト」に拡大し、現在ではそれを「柿の森プロジェクト」と呼ぶようになっている。

これは、長野県内の遊休農地を借り上げ、そこに計画的に柿の木を植えていこうというものである。グループ内に柿の木の育苗会社があるので、そこで育てた苗木を次々植えていくのである。現時点ですでに八カ所の農園を持っており、これを本格展開を図ろうとしている。

柿の森

（出所）かぶちゃん農園

地域観光への活用

また、その柿の木を集中して植えることにより「柿の森」や「柿ロード」とすることで、この地を訪れる人々にも感動を与え、柿への関心を持ってもらうことができるであろう。

環境問題への関心

鏑木社長の農への熱い想いは、いま日本で大きな問題となってきている環境問題や自然エネルギーへの関心にまで拡がってきている。

かぶちゃんの「森の発電所」

最初の環境問題への取組みはかぶちゃん村内に設置した木質ペレットを燃料とするボイラーの設置であった（２０１０年）。これは、２００９年に柿プラザやテーマパークのある飯田市が「環境モデル都市行動計画」に基づき、バイオマスタウン構想を実証するにあたって、かぶちゃん村の敷地内にプラントを設置したことに端を発する。かぶちゃん農園からは剪定した柿の木の枝をはじめ、本来なら産業廃棄物としなければならない廃材が無限にでてくる。一方、かぶちゃん村内にある水晶温泉は冷泉であるためこれを加熱して温める必要があるが、そのエネルギーとして、エコの観点から木質ペレットによるボイラーを設置したのである。このシステムは、地域にある中堅企業との連携で導入されたもので、今後は、第二の発電所も計画している。

かぶちゃんの「森の発電所」

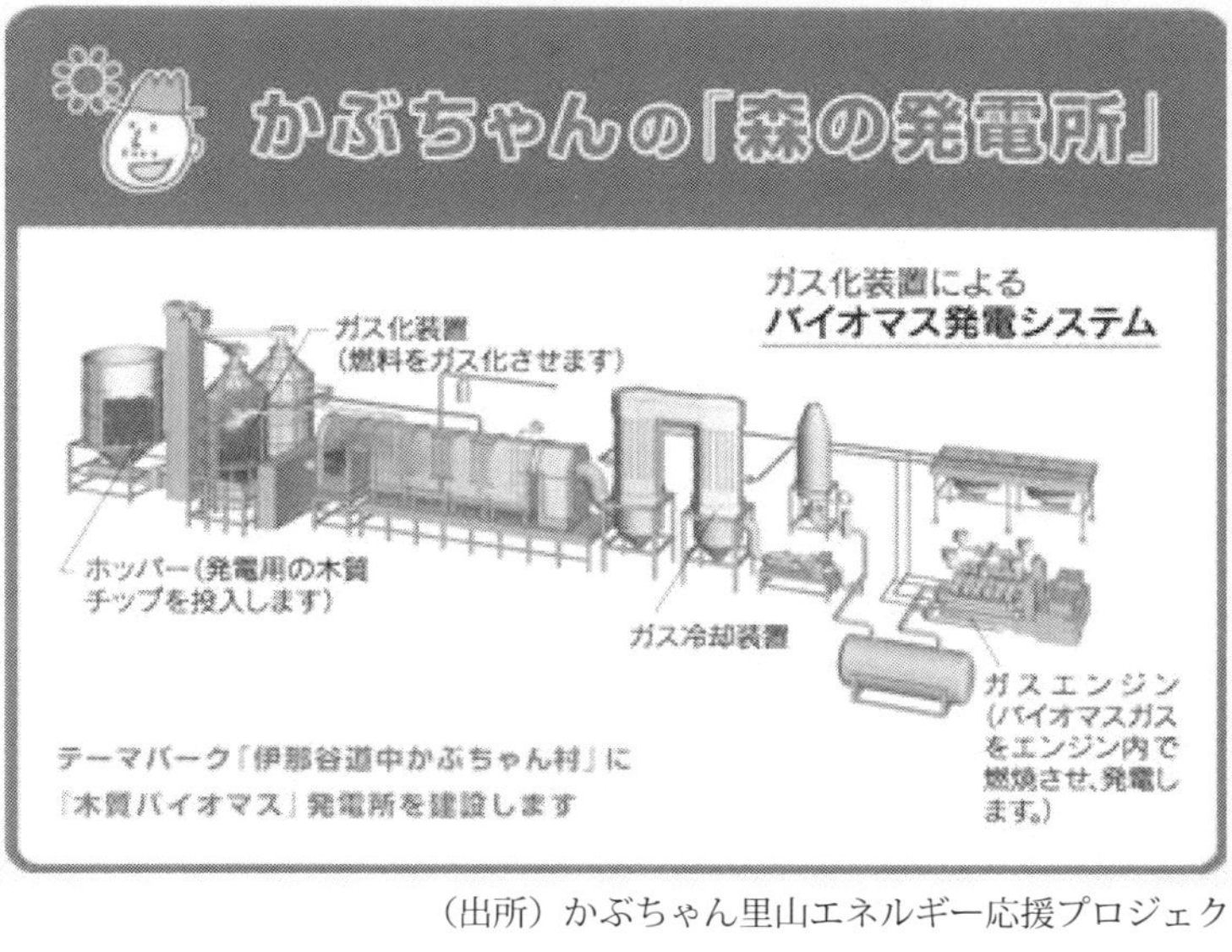

（出所）かぶちゃん里山エネルギー応援プロジェクト

里山自然エネルギープロジェクト

これが契機となって鏑木社長の環境問題への関心が急速に高まり、それが太陽光パネル事業へとつながっていった。

そのため、環境庁や経済産業省、電力会社との連携のもとで「里山自然エネルギープロジェクト」を立ち上げ、すぐに実践に移している。これは、地球温暖化対策の一環として国が打ち出した自然エネルギー推進策にのったものである。

具体的には、太陽光パネルによって発電したエネルギーを電力会社は消費価格の２倍で（当初はｋｗ当たり42円、その後は毎年10％で値下がりしている）買い上げる義務を課した政策である。たまたま長野県は日照時間が全国で最も長い地域であるし、遊休農地もたくさんある。現在４カ所、今後の建設計画を含めると21カ所となっており、パネル枚数で３５０００枚、設備容量で８８００ＫＷを予定している。いずれも「安心」「安全」なエネルギーづくりはもとより、信州の豊かな自然と融和する発電所を目指し、かぶちゃんの

「太陽光パネルの森」づくりを展開している。

そこでこれらの条件を活かし、同社のグループ会社の一つである「かぶちゃんメガソーラー株式会社」を核に新たな環境ビジネスを展開していこうというのが「里山自然エネルギープロジェクト」である。具体的には、太陽光発電所の建設を飯田の天竜峡地区からスタートさせ、順次上伊那地域、伊那谷の北端伊那市、さらには塩尻市、松本市まで拡大していこうとするものである。

里山自然エネルギープロジェクト

「太陽光パネルの森」

太陽光パネル（建設予定を含める）

（出所）かぶちゃん農園

農と食と楽しみを！

かぶちゃん農園㈱ 鏑木武弥社長に聞く

聞き手・鈴木克也

農への熱い想い

——社長の農への熱い想いの原点は何ですか。

鏑木　私は学生のときから農民詩人・宮沢賢治が大好きでした。広く知られているように、賢治は「生き物はみな兄弟であり、生き物全体の幸せを求めなければ、個人の本当の幸せもありえず、農業こそ人間生活の原点である。その中にこそ生きる本当の喜びがある」と考えていました。そして、作品における架空の理想郷をイーハトーブと名づけ、「宇宙とつながる農業」など様々な言葉を生み出しました。多感な青年時代、賢治の作品に共鳴したことが農への関心の原点だったのかもしれません。

学生のときは農業ボランティアなどに参加しましたし、大学卒業後は農業関係の出版社で仕事をしました。その中で有機農業家にして農民詩人でもある星寛治氏との出会いがあったのです。

宮澤賢治

「全国各地に地域の精神風土に根ざした奥ゆかしい伝統文化が数多く存在する。はるか先達の思いを汲み、数々の困難や課題を克服し、守り継いできたものは、お金に代えられない宝である。私たちの原風景には、その核心の所に、ふるさとへの帰属意識と誇らしい文化があった。まさに日本人の心が脈打っていたのだ」というのが、氏の言葉でした。

このように星寛治氏は、農業を単に農作物の生産という観点からだけではなく、それをとりまく自然、文化、生活など、地域社会全体との関わりの中でトータルなものとしてとらえる詩人でした。それが土の力を大事にする自然農業、有機農業に必然的に結びついていくと確信がもてました。

――そのあと海外での経験をなさったのですね。

鏑木　はい。たまたま、ＪＩＣＡ（国際協力機構）の青年海外協力隊員の募集があったので思い切ってそれにチャレンジすることにしました。自分で行き先などを選べるわけではなく、南米パラグアイにいくことになり、約2年間、農業技術を伝える活動に従事しました。この全く異なる文化風土での体験を通して、「農」に対する概念、そして家族や社会に対する考え方を学ぶことができました。

アグリビジネス

――帰国後、アグリビジネスに本格的に取り組まれることになりますね。

鏑木　かぶちゃん農園株式会社を設立し、アグリビジネスをはじめました。

その中核拠点をどこにするかについては、当初は、消費地も近く生産協力者も見込める候補地として、浜松、千葉、飯田の三カ所があがり、いろいろ比較検討しました。この中から飯田を選んだ理由は、「さまざまなご縁によって」としか言いようがありません。すなわち、協力してくれる生産者、自社生産地の確保、地域の受け入れ体制など、企業としての諸側面からの検討は当然として、私の農に対する思いと南信州の歴史的、文化的な地域風土のマッチングが大きかったと思っています。

一例をあげれば、飯田とゆかりのある高名な民俗学者・柳田國男によれば、「飯田《いいだ》」の語源は「結いだ」にあるそうです。つまり、この地方は「結い」の文化が強く、それだけ助け合いの精神、さらには外部からの人間を受け入れやすい歴史的土壌もありました。それを育んだのが作業工程の多い干し柿の生産です。そんな歴史的・文化的風土も、南信州を拠点に選んだ背景の一つとなっているのです。

市田柿との出会い

――市田の干し柿との出会いは、その後だそうですね。

鏑木　そうなんです。当初は、とうもろこしの生産と販売、りんごの販売が主流で、柿はほんの一部にすぎなかったのです。

ある時、カタログの片隅に載せた市田柿の反応がよいので、マーケティング調査をしてみると、「一番好きなドライフルーツ」「冬だけでなく夏もおいしい市田柿」など、女性層を中心に従来の干し柿のイメージをこえた反応がありました。そこで、「もしかしたら」ということで新聞広告を打ったらそこでも大ヒットし、「これはいけるぞ」ということで、メイン商品として考えるようになりました。

もちろん、新たな付加価値をつけて「新しい食品」としてのマーケット拡大を目指すべく、柿に関する勉強会、女性チームによる女性の感性を活かした商品開発など、柿につい

ての新コンセプトの確立に注力したのはいうまでもありません。勉強会をとおして得られた知見を活かしつつ、①かわいいデザイン、②個別包装の確立、といったデザイン面、衛生管理面などの革新をも加えて、従来の干し柿の範疇をこえた幅広い柿関連商品へと育ちつつあります。

ところで「市田柿」の元となった立石柿は、江戸時代すでに流通ルートが確立していました。村の世話人のもとに集められた干し柿は、船に乗せられて天竜川をくだり、あるいは中馬で山越えをして江戸は神田の問屋まで運搬されていました。ちなみに、東京支社は神田にあるのですが、こうした面でも市田柿との浅からぬ縁があったのではないかと感じています。

大きな夢に向かって

――今では柿を軸に農と食と楽しみを結びつけたスケールの大きな事業を展開されています。特に環境事業を軌道にのせるのは大変だったでしょう。

鏑木　市田の干し柿のことを調べていくと、その歴史の奥深さ、文化の拡がりに感動するようになり、同じやるなら中途半端ではなく本格的に取り組みたいと思うようになりました。干し柿の加工と保存を一貫してできる「柿プラザ」の建設、テーマパーク「かぶちゃん村」の運営、「柿の森プロジェクト」さらに環境問題への関心が深まりました。私としては、農の尊重は自然への感謝、自然との共生につながっているのですが、これを事業として成立させるのは並大抵ではありません。

（出所）JA 南信州

おかげさまでこれらの環境事業も軌道に乗ってきましたので安心し、本来の目的である柿の国際ブランドの構築に向けて準備を始めたところです。

市田の干し柿は関係者の努力もあって「地域ブランド」として少しは知られるようになりましたが、全国で見るとまだ小さなポジションですし、世界、特に今後浮上してくる東南アジアへの展開についてはまだ始まったばかりです。それらを含めて今後本格的な柿文化の情報発信をしていきたいというのが「柿の王国」構想です。やりたいことがいっぱいあって大変ですが、やりがいがあります。

——これからの展開についてはどのような方向性をお持ちですか。

鏑木　若い頃からの農業に対する関心は「市田柿」と出会うことによって具体的な事業として軌道にのりつつあります。そのプロセスでテーマパーク「かぶちゃん村」の経営にかかわることによって農と食と楽しみを融合させたいという夢が拡がり、環境事業にも手を付けることになりました。

私は思い立ったら行動に移すのが早いほうなので、次々と新しいことを始める傾向にあります。経営的には大変負担になりますが、おかげさまで様々な布石が打てました。今後はそれらをトータルなものとして融合していくことだと思っています。

その具体的な方向性としては、最近「柿の王国」構想を頭の中で考えはじめています。ＴＰＰなどで農業の開国が本格化してきましたし、東南アジアを中心として和食ブームも起こっています。今こそ農業の新しい道を築いていかねばならないと感じているのです。従来も農業振興のための様々な努力は続けられてきましたが、まだ産業としての壮大な魅力に乏しいと感じています。

「柿の王国」を考えるにあたっては、まずそのメッカ（拠点）ともなる場が必要ですが、南信州はそれにふさわしいと思いますし、「かぶちゃん村」というベースもできています。柿のメッカというためには柿神社や柿ミュージアムをはじめ柿を前面に打ち出し、物語性を盛り込んだ演出が必要だと考えています。

第三の柱として、他の柿の産地とも協力して柿文化を世界に向けて発信していく仕組みも必要だと考えています。今準備をはじめている「柿の王国」のホームページを拡充し、海外向けの情報発信なども充実しておきたいと考えています。

もうひとつは大都市圏のマーケットと信州を結ぶ基幹ルートが必要だと考えています。それとともにこの地域に近づいた時、いかにも柿の王国が近づいたと感じられる観光コースを結びつけられれば面白いと思います。いずれにしても柿という切り口からはじまった事業が未来への大きな夢につながっているということ自体、私にとっては大きな生きがいですし、努力目標となっています。

むすびにかえて

このたび、農と食の王国シリーズ第一弾として「市田の干し柿」を取り上げた。日本の農業はこれまでも自然・風土に恵まれて地域の重要な産業であったし、これが多様な地域の歴史や文化に支えられてきた。しかし、最近はＴＰＰなどによる農の開国、東南アジアを中心とする和食ブーム、国内における健康や環境に対する関心の高まりなどにより、大転換の時期に差し掛かっていると考えられる。

これを乗り越えていくには、農業を単に評論の対象とするだけではなく、生産者と消費者が一体となってダイナミックな展開を図る視点が必要となってきている。

本書は、「柿」という比較的狭い切り口から入って、日本の風土・歴史・文化などの問題を深く理解するとともに、「農」の楽しみを実感できるような視野の広い考え方をベースとしている。その具体的な展開方向として、ここに「柿の王国」を提唱している。ここ

でいう「柿の王国」とはあくまでイメージ的なメッセージであるが、柿を単なる「地域ブランド」としてとらえるだけではなく、その歴史・文化を含めて全体として守り育て、できれば世界に向かって情報発信していくことによって、「世界ブランド」として磨きをかけ、品質を高め用途を拡げていきたいという想いが込められている。

これは、いうまでもなく「帝国」をめざしているのではないことを強調しておきたい。確かに、「王国」構築のためには強いリーダーシップが必要だが、目的は人を支配したり覇権を主張するものではなく、みんなで仲よく楽しい生産と消費活動をしようという提唱である。したがって、閉鎖的で独りよがりの展開をするものではもうとうなく、みなさんと一緒に、品位をもって風土と歴史と文化を守り育てていこうというものである。

本書の発行を契機として、新しい情報メディアを活用しつつ、新しいコミュニティを形成していければというのが編集者にとっての願いである。

最後になったが、このたびは信州の飯田市、高森町、JAみなみ信州をはじめ様々な関係機関、かぶちゃん農園㈱の鏑木武弥社長はじめ社員のみなさま、㈱日本地域社会研究所の落合英秋社長、㈱ソーシャルインパクト・リサーチの熊沢拓代表など多くの方々に、お世話になった。記して謝意を表したい。

２０１４年11月
エコハ出版代表　鈴木克也

《参考文献・資料》

・『市田柿のふるさと』市田柿の由来研究委員会監修
長野県下伊那郡高森町　2010 年９月
・『地域食材大百科』社団法人　農山漁村文化協会
2013 年２月
・『長野県果樹発達史』　1979 年３月
・『市田柿について』電通ﾊﾟﾌﾞﾘｯｸﾘﾚｰｼｮﾝｽﾞ
（報道用基礎資料）
・『資料館報』高森町歴史民俗資料館
・『農林水産統計』農林水産省
・『特産果樹生産動態調査』農林水産省
・財務省『貿易統計』
・市田柿ブランド推進協議会　公式サイト
http:// 市田柿 .nagano:jp
・高森町　公式サイト
http://www.town.takamori.nagano.jp
・果樹ナビ
http://www.kudamononavi.com
・下伊那谷観光サイト
http://www.town.takamori.nagano.jp

著者紹介

鈴木克也（すずき・かつや）

1942年　大阪市に生まれる
1965年　大阪市立大学経済学部卒業
　　　　野村総合研究所に入社（流通・サービス分野のマーケティング、経営戦略のリサーチ）
1982年　日本合同ファイナンス株会社（現ジャフコ）に転籍（審査部、企画部、企業情報部等を歴任）
2001年　公立はこだて未来大学　システム情報科学部教授
　　　　「ベンチャー論」「地域振興論」「マーケティング論」
2011年　定年退職
　現在　公立はこだて未来大学東京サテライト産学官連携コーディネーター、企業組合クリエイティブ・ユニット代表理事（エコハ出版代表）

柿《かき》の王国《おうこく》～信州《しんしゅう》・市田《いちだ》の干《ほ》し柿《がき》のふるさと～
2015年1月15日　第1刷発行

著　者　鈴木克也《すずきかつや》
編　者　エコハ出版
発行者　落合英秋
発行所　株式会社 日本地域社会研究所
〒167-0043　東京都杉並区上荻1-25-1
TEL　(03)5397-1231(代表)
FAX　(03)5397-1237
メールアドレス　tps@n-chiken.com
ホームページ　http://www.n-chiken.com
郵便振替口座　00150-1-41143
印刷所　中央精版印刷株式会社

ISBN978-4-89022-151-6

日本地域社会研究所の好評図書

「心の危機」の処方箋
「新型うつ病」を克服するチカラ

三浦清一郎著…教育学の立場から精神医学の「新型うつ病」に異を唱え、クスリもカウンセリングも効かない「心の危機」を回避する方法をわかりやすく説き明かす。患者とその家族、学校教育の関係者など必読の書！

４６判１３８頁／１４００円

里山エコトピア
理想郷づくりの絵物語！

炭焼三太郎編著…昔懐かしい日本のふるさとの原形、人間と自然が織りなす暮らしの原景（モデル）が残る里山。里山資本主義の時代の新しい生き方を探る地域おこし・人生強化書！男のロマン〝山村ユートピア〟づくりを提唱する話題の書。

Ａ５判１６６頁／１７００円

いのちの森と水のプロジェクト

東出融＝文・本田麗子＝絵…山や森・太陽・落ち葉…自然にしか作れない伏流水はすべての生き物に欠かすことのできないごちそうだ。安心して暮らせる地球のために森を守り育てよう。環境問題を新たな視点から描く啓蒙書。

Ａ５判上製６０頁／１８００円

世のため人のため自分のための地域活動
〜社会とつながる幸せの実践〜

みんなで本を出そう会編…一人では無理でも、何人か集まれば、誰でも本が出せる。出版しなければ、何も残らない。しかも本を出せば、あちこちからお呼びがかかるかもしれない。同人誌ならぬ同人本の第1弾！

４６判２４７頁／１８００円

人生が喜びに変わる1分間呼吸法

斎藤祐子著…天と地の無限のパワーを取り込んで、幸せにゆたかに生きよう。人生に平安と静けさ、喜びをもたらす「21の心得」とその具体的実践方法を学ぼう。心と体のトーニング・セラピストがいつでも、どこでも誰にでもできる「Ｆｕｊｉ（不二）トーラス呼吸法」を初公開！

Ａ５判２４９頁／２２００円

心を軽くする79のヒント
不安・ストレス・うつを解消！

志田清之著…1日1回で完了するプログラム「サイコリリース療法」は、現役医師も治療を受けるほどの注目度だ。新進気鋭の心理カウンセラーによる心身症治療とその考え方、実践方法を公開！

４６判１８８頁／２０００円

日本地域社会研究所の好評図書

明日の学童保育　放課後の子どもたちに「保教育」で夢と元気を！

三浦清一郎・大島まな共著…学童保育は、学校よりも日数は多いのに、「お守り」が主で、発達の支援はできていない。学校と地域の協働で、明日をひらこうと呼びかける指南書。

46判163頁／1543円

開運水引　誰でも簡単に学べ、上手にできる！

玉乃井陽光＝著・園部あゆ菜＝絵・園部三重子＝監修…水引は、包む・結ぶの古くからのしきたりや慶弔のおつきあいに欠かせないばかりでなく、癒やしや絆づくり、縁結び…にも役立っています。日本の伝統文化・造形美を追求し、楽しい水引・結道の世界に誘ってくれる手元に置きたい1冊。

A5判127頁／1700円

改訂新版日本語―フィリピン語実用辞典

市川恭治編…現代フィリピンとの交流を深めるため、日常会話に必要な約9000の日本語をフィリピン語（タガログ語）に訳し、文法なども解説。日常生活・ビジネス・出張・旅行・学習に最適な1冊。

A5判245頁／3333円

まんだら経営　進化複雑系のビジネス工学

野澤宗二郎著…日々進化し、複雑化する世の中にあって、多様な情報やモノ・コトを集め、何でもありだが、本質を見抜き、何とかするのが、まんだら経営だ。不確実性に備える超ビジネス書！

46判234頁／1680円

ザ・東京の食ブランド　～名品名店が勢ぞろい～

広域中央線沿線楽会＝編・西武信用金庫＝協力…お土産・おもたせ選びはおまかせあれ！江戸の老舗からTOKYOの名品名店がそろい踏みした手元に置きたい1冊。

A5判164頁／1700円

王さまと竜

木村昭平＝絵と文…村はずれの貧しい小作農民の家。毎日、お城を見ていたカフカ少年は、ある日、お城に向かって出発します。枯れた森や住民のいなくなった村を過ぎて、城のある深い森に入っていくと……。

B5判上製30頁／1400円

日本地域社会研究所の好評図書

美キャリア養成講座　自分らしく生きる！　7つの実践モデル

西村由美編著…仕事と個人生活の調和を保ちながら、自分を磨き、思い通りに生きる術を輝くキャリア女性が語る。自己実現、就活・婚活、キャリア教育支援にお役立ちの1冊！

46判321頁／1680円

全国ふるさと富士390余座大観光　日本名物やおよろず観光のすすめ

加藤迪男＋みんなの富士山学会編…富士山は、宇宙・自然が生んだ日本最大のエコシステムである。「おらが富士」「ふるさと富士」を結んで交流・連携・コラボして、環と和の美しい国づくりにつなげられないだろうか、と提案する話題の書。

A5判281頁／2200円

スマート「知」ビジネス　富を生む！　知的財産創造戦略の展開

萩野一彦著…発想力×創造力×商品力を磨けば、未来が拓ける！　これからは地方や地域の産業、小さな企業やユニークな店、賢い個ビジネスにチャンスが生まれる。企画・戦略スタッフ必携の書！

46判305頁／1800円

三つ子になった雲　難病とたたかった子どもの物語

舩後靖彦・文／金子　礼・絵…この絵本は、異染性白質ジストロフィー（MLD）という難病に苦しみながら、治療法が開発されないまま亡くなった少女とその家族をモデルに、似たような筋萎縮性側索硬化症（ALS）という不治の病とたたかう筆者が、口でパソコンを操作して書いた感動の物語。

A5判上製38頁／1400円

生涯学習「知縁」コミュニティの創造　学びを通じた人の絆が新しい地域・社会をつくる

瀬沼克彰著…少子高齢化で先行きも不安。行政も財政難で立ちゆかない。危機を突破するのは、地域に根ざして頑張る市民パワーだ。生涯学習の第一人者が、あちこちの人・絆・まちづくりの先進事例を紹介する。

46判216頁／2200円

美の実学　知る・楽しむ・創る！

一色　宏著…生命は、すべて美に向かう。美がなければ人間の心を豊かにし、魂の純度を上げることはできない。美の心眼を通して見れば、あらゆる存在の真実が顕現する。美は永遠の歓び、自由、平和、無限なるもの…。美の百科事典的な1冊。

A5判298頁／2381円

※表示価格はすべて本体価格です。別途、消費税が加算されます。